WAS NUN?

JOCHEN BOHL

WAS NUN?

Kirche im Wandel

EVANGELISCHE VERLAGSANSTALT
Leipzig

Jochen Bohl, Jahrgang 1950, studierte Evangelische Theologie in Wuppertal, Marburg und Bochum. Ab 1976 hatte er ein Pfarramt in Dortmund inne, 1986 übernahm er die Leitung des Evangelischen Jugendwerks an der Saar, 1995 wurde er Direktor der Diakonie Sachsen. Von 2004 bis 2015 war Bohl Landesbischof der Evangelisch-lutherischen Landeskirche Sachsens.

Bibliographische Information der Deutschen Nationalbibliothek:
Die Deutsche Nationalbibliothek verzeichnet diese Publikation in der Deutschen Nationalbibliographie; detaillierte bibliographische Daten sind im Internet über http://dnb.dnb.de abrufbar.

Printed in Germany

Das Buch wurde auf alterungsbeständigem Papier gedruckt.

Cover: Friedrich Lux, Halle/Saale
Satz: Zacharias Bähring, Leipzig
Druck und Binden: CPI books GmbH

ISBN 978-3-374-06907-1 // eISBN (PDF) 978-3-374-06984-2
www.eva-leipzig.de

INHALT

Wo der Geist des Herrn ist, da ist Freiheit.
2. Korinther 3,17

WANDEL

»Du bist nun frei von allen dienstlichen Pflichten« wurde mir gesagt, 41 Jahre nach dem Eintritt in den kirchlichen Dienst. Ich wusste mich berufen, übte meinen Beruf mit Leidenschaft aus und empfand wie die meisten Pfarrerinnen und Pfarrer den Ruhestand als eine tiefe Zäsur. Im Sommer 2015 begann ein neuer Lebensabschnitt, den ich als eine Zeit der Freiheit erlebe. Es ist eine privilegierte Situation, nicht unter äußerem Druck zu stehen, selbstbestimmt über die kleinen und großen Dinge des Alltags entscheiden, Prioritäten entsprechend eigener Bedürfnisse setzen zu können, die Familie um mich zu haben; ich genieße sie dankbar. Untätig bin ich darum nicht, Pfarrer bleibt man auch im Alter, was mir recht und lieb ist. Wer so lange in der Kirche gearbeitet hat, wird ihr zeitlebens eng verbunden sein, die aktuellen Entwicklungen verfolgen und an den Gesprächen teilnehmen, die darüber geführt werden. Zumal es gegenwärtig wahrhaftig Gründe gibt, sich um Verstehen zu bemühen – was beschleunigt die Säkularisierungsprozesse so sehr, woher kommt die Rückkehr des völkisch-nationalen Denkens, wie umgehen mit der Migration nach Deutschland und Europa, was trägt uns der Klimawandel auf, welche Interessen treiben die Politik der großen Mächte USA, China,

Russland und wird die EU sich behaupten können? So viel Bewegung war lange nicht, und selten waren so dissonante Töne in den Gesellschaften des Westens zu hören, die sich großen Herausforderungen gegenübersehen.

Die Ost-West Konfrontation und die Zeitenwende von 89/90 liegen nun 30 Jahre zurück, die Zeitspanne einer Generation, und insofern wird eine Einordnung möglich. Es begann die »Zeit der Freiheit«[1], geprägt von der Entgrenzung des Wirtschaftens und dem Zusammenwachsen Europas. Sie verlief friedlich, und sicherlich wird man sie später als eine glücklich-ruhige Periode der deutschen Geschichte erinnern – wenn auch erstmals seit dem Ende des Zweiten Weltkriegs deutsche Soldaten in kriegerische Auseinandersetzungen verwickelt waren, im ehemaligen Jugoslawien, in Afghanistan. Zudem müssten aus dem freundlichen Bild die Spannungen an und unter der Oberfläche des gesellschaftlichen Lebens ausgeblendet werden. Die Friedensjahre brachten nicht nur enorme Wohlstandszuwächse und erstaunliche Freiheitsgewinne in der persönlichen Lebensführung, sondern auch zahlreiche krisenhafte Entwicklungen. Man denke nur an den Terrorismus und den Aufruhr in der arabischen Welt, die Finanzkrise von 2008, das Scheitern des Verfassungsprozesses der EU, die sozialen Spaltungen der Gesellschaften als krisenhafte Begleiterscheinung der Globalisierung, die starke Einwanderung aus islamisch geprägten Ländern, den schwärenden Konflikt mit Russland. Vieles verändert sich rasch, was Ängste auslöst und Verwirrung stiftet. In diesen Tagen drängt sich der Eindruck auf, dass nach 30 Jahren etwas Neues begonnen hat und wir wiederum eine Zeitenwende erleben. Darauf deutet nicht zuletzt die Zunahme politischer Leidenschaften hin, die man schon vergangen geglaubt hatte; selten zuvor waren Konflikte so sehr aufgeladen. Spätestens die Bundestagswahl 2017 hat unübersehbar deutlich gemacht, dass Deutschland wie andere Nachbarstaaten auch ein zerrissenes Land ist. Es fällt schwer, im Gespräch miteinander zu bleiben; längst sind in sich abgeschlossene Echokammern entstanden, in denen Gleichgesinnte einander bestärken. Zuletzt hat die Corona-Pandemie die Sorge um den gesellschaftlichen Zusammenhalt nochmals verschärft. Wie es nicht anders sein kann, findet sich die Polarisierung der Gesellschaft auch in den Kirchen und beeinflusst ihr Innenleben und ihre Wirksamkeit – die Auseinandersetzungen um das Engagement der EKD in der Seenotrettung sind nur ein Beispiel dafür. Beunruhigend zugleich, dass die anhaltenden Säkularisierungsprozesse[2] die Lebenskräfte der Kirchgemeinden weiter schwächen und ihre Gestaltungsmöglichkeiten einschränken.

Insofern gibt es im Ruhestand genügend Anlässe, über gegenwärtig sinnvolle oder notwendige Klärungen bzw. Entscheidungen nachzudenken – durchaus verbunden mit einer gewissen Erleichterung, nicht mehr daran beteiligt zu sein. Denn die Problemstellungen haben sich zuletzt zugespitzt, die Komplexität der Anforderungen an das Leitungshandeln hat weiter zugenommen und es stellen sich neue Fragen, auf die es keine Antworten gibt, die aus Erfahrungen in der Kirchengeschichte abzuleiten wären. Auch das eigene Tun und Lassen erscheint angesichts des Wandels in einem anderen Licht. Manches wird erst später durchsichtig, nicht alles, was klar zu sein schien, war es tatsächlich; und im Rückblick wird erkennbar, dass Entscheidungen Folgen zeitigten, die nicht im Blick waren, als sie getroffen wurden. Wie Gelegenheiten aus

Gründen der Unentschiedenheit, der Zaghaftigkeit oder mangelnden Einvernehmens verpasst wurden; nicht zuletzt werden Fehler erkennbar, die man hätte vermeiden können oder gar müssen. Insofern wächst im Alter die Einsicht, dass Demut eine Tugend und insbesondere für Leitungsaufgaben eine angemessene, gar notwendige Haltung ist. Davon möchten die nachfolgenden Gedanken bestimmt sein, hoffentlich nachvollziehbar.

Die ostdeutschen Landeskirchen standen nach den Ereignissen im Herbst '89 vor weitreichenden Fragen; umstritten waren sie vor allem wegen der Bewertung der in der DDR gemachten Erfahrungen. Niemand wusste 1990 genau zu sagen, wie viele Menschen die Kirchen unter dem Druck des diktatorischen Staates verlassen hatten, offensichtlich war nur, dass es die große Mehrheit war. Angesichts der grundstürzenden Veränderungen meinten viele, es sei »der historisch einmalige Zeitpunkt ..., gemeinsam zwischen den evangelischen Kirchen in den beiden Teilen Deutschlands zu neuen Ufern aufzubrechen«, so der spätere sächsische Landesbischof Volker Kreß.[3] Insofern begegnete die Strategie, den scheinbar unerschütterten volkskirchlichen Rahmen Westdeutschlands zu übernehmen und zu den langvertrauten Strukturen des deutschen Staatskirchenrechts zurückzukehren, erheblichen Einwänden. Gefragt wurde, ob es nicht geboten sei, die Konsequenzen aus den Erfahrungen in den Jahrzehnten der DDR zu ziehen – nämlich eine Minderheit geworden zu sein? Die Distanz zum Staat als Raum erfahren zu haben, in dem die Freiheit des Bekennens gedeihen konnte? Darüber sei doch die geistliche Stärke gewachsen, um den Herausforderungen furchtlos ins Auge sehen und den überfälligen Wandel nun entschieden angehen zu können! Letzten Endes haben die Synoden Entscheidungen getroffen, die auf Restitution hinausliefen – die Landeskirchen und Kirchgemeinden wurden zu Körperschaften des öffentlichen Rechts und das Dienstrecht der Beschäftigten, zumal der Pfarrerinnen und Pfarrer, dementsprechend geordnet, das Kirchensteuersystem samt dem Einzug über die Finanzämter übernommen, der Religionsunterricht an den staatlichen Schulen eingeführt (in Brandenburg arbeitet die Kirche im Fach Lebenskunde Ethik Religion[4] mit), die Diakonie begann eine entschlossene Expansion in alle Bereiche der sozialen Arbeit hinein. Begleitet wurden die Entscheidungen von intensiven und teilweise zehrenden theologischen Diskussionen um Wesen und Auftrag der Kirche im reformatorischen Verständnis, immer auch von dem Zweifel, ob man sich mit all dem nicht übernehme, ob der Zuschnitt des volkskirchlichen Mantels nicht zu weit geworden sei für den schmal gewordenen Leib Christi. Nicht unerwähnt darf der Umstand bleiben, dass die westdeutschen Landeskirchen erheblichen Druck ausübten und darüber gelegentlich der Eindruck entstand, dass man aus einem evtl. »Sonderweg« des Ostens entstehende negative Auswirkungen auf die eigene Position vermeiden wollte.[5] Dem Drängen entsprach freilich die großzügige Bereitschaft zu einem Finanzausgleich, der den ostdeutschen Landeskirchen eine angemessen-komfortable Finanzausstattung sicherte.

In den 30 Jahren, die seither vergangen sind, haben ihre Gemeindeglieder fröhlich und gelassen ihren Glauben gelebt und ungezählte gute Erfahrungen gemacht. Man kann dankbar von Aufbrüchen sprechen, denn in kirchlichen Kindergärten haben Kinder biblische Geschichten gehört und ihren (nichtkirchlichen) Eltern davon erzählt, einige hundert evangelische Schulen stehen für das Bildungskonzept der Reformation, die Kirchentage in Leipzig und Dresden wurden zu ausstrahlungsstarken Glaubensfesten, die Betroffenen der Flutkatastrophe an der Elbe 2002 fanden tatkräftige Unterstützung der Diakonie, (nicht nur) die Dresdner Frauenkirche wurde wiederaufgebaut, die Zahl der Erwachsenentaufen stieg auf ein nie gekanntes Niveau, Polizei- und Soldatenseelsorge stießen auf breite Akzeptanz. Vieles war möglich geworden, Chancen wurden genutzt und ich bin dankbar, daran Anteil gehabt zu haben; der erinnernde Blick auf das Erlebte wärmt das Herz.

Und doch war das Bewusstsein, als Glied der Kirche einer Minderheit anzugehören, in all dem stets präsent. Es kommt aus ungezählten Erfahrungen des Alltagslebens, das davon bestimmt ist, dass es eine kirchliche bzw. christliche »Grundierung« des Zusammenlebens oder auch nur ein Verständnis dafür nicht gibt; das hat sich bis heute nicht geändert. Wer sich in den säkularen Gesellschaften der ostdeutschen Bundesländer zu seiner Kirche bekennt, wird zuverlässig aus den Reaktionen der Mitmenschen erkennen, dass diese Bindung etwas ungewohnt Besonderes ist, mit dem andere nicht umgehen können und in der Regel es auch nicht wollen. Für die Jahrzehnte der DDR hat Caritas Führer dem literarischen Ausdruck in der Erzählung von einem Pfarrerskind gegeben, das in dem rituellen Fahnenappell am Wochenbeginn auf dem Schulhof allein bleibt unter Lehrern und Mitschülern, wieder und wieder die »Montagsangst« durchleidet.[6]

Von der Realität und dem Erleben der Minderheitssituation waren ausnahmslos alle Texte zu den absehbaren Entwicklungen oder den zu ergreifenden Möglichkeiten bestimmt, in welchen Zusammenhängen oder auf welcher Ebene der ostdeutschen Landeskirchen auch immer sie entstanden. So etwa 1995 das Diskussionspapier »Minderheit mit Zukunft«[7] oder auch »Kirche mit Hoffnung«[8] von 1998. In ihnen traten die innerdeutsch divergierenden Einschätzungen der kirchlichen Verhältnisse offen zutage, man betrachtete sie in den »neuen« Bundesländern mit Augen, denen die eigenen Lebenswirklichkeiten vertraut waren. Zu ihnen gehört der Umstand, dass der langjährige Schrumpfungsprozess nach 1990 nicht aufgehalten werden konnte. Insofern ist die gegenwärtige Situation zu Beginn der 2020er Jahre im Osten nichts Ungewohntes, manches ist nur zu gut bekannt.

In den westdeutschen Landeskirchen verhält es sich dagegen anders. Auch dort gab es Prozesse schwindender Kirchlichkeit, mit staatlichem Druck hatten sie allerdings nicht zu tun. Sie wurden mit einer gewissen Irritation betrachtet und verliefen langsam, sodass man die volkskirchlichen Gewissheiten nicht in Frage stellen musste und Konsequenzen lange ausweichen konnte. Nicht zuletzt, weil die Kirchen finanziell von der allgemeinen Wohlstandsentwicklung profitierten und der Anstieg des Kirchensteueraufkommens den Rückgang der Gemeindegliederzahlen stets überkompensierte. Letzteres ist anders geworden, die Prozesse des Abschieds von der Kirche haben sich deutlich beschleunigt und beeinflussen nun die Finanzausstattung massiv. Auch im Westen steht unausweichlich die Frage im Raum, was die Minderheitssituation zu tun aufgibt, wie den dadurch ausgelösten Herausforderungen zu begegnen ist. Insofern sehen die evangelischen Landeskirchen in West wie Ost sich 30 Jahre nach der Wiedervereinigung erstmals vor die gleiche Aufgabe gestellt – wie die Zukunft der Kirche gestaltet werden kann und soll. Was nun?

Dazu möchten diese Überlegungen beitragen. Sie sind entstanden vor dem Hintergrund der Mitarbeit in ost- wie westdeutschen Landeskirchen über jeweils 20 Jahre und angesichts von kirchenleitenden Erfahrungen in Sachsen in Diakonie und Kirche. Bestimmt sind sie von der erfahrungsgestärkten Überzeugung, dass den reformatorischen Kirchen die geistlichen Kräfte gegeben sind, um in den anstehenden Herausforderungen zu bestehen.

LANGE LINIEN

2020 wird wegen der Corona-Pandemie in Erinnerung bleiben. Erstmals verbot der Staat Zusammenkünfte in den Kirchen, Synagogen und Moscheen, also auch die Gottesdienste; das hatte es in Deutschland niemals zuvor gegeben. »Fehlende Systemrelevanz« wurde zu einem Schlagwort; wegen ihrer Zustimmung zu den Anordnungen bekamen die Kirchenleitungen hier und da kritische Anmerkungen zu hören. Im Sommer dann wurden Gottesdienste wieder möglich, wenn auch mit Einschränkungen. Sie waren allerdings deutlich schwächer besucht, in den Gemeinden wurden kaum Traugottesdienste gefeiert, nur wenige Kinder getauft. Das Ausgangsniveau vor dem Lockdown war ohnehin niedrig gewesen; nun kamen bange Fragen auf, die sich mit der Dauer der Pandemie verschärften; ob die Jugendgruppen ohne »analoge« Begegnungen überdauern würden? Was, wenn die Chöre längere Zeit nicht proben dürfen? Sollte die Krise etwa Verhaltensänderungen auslösen, die womöglich dauerhaft bleiben würden? Zumal zwischenzeitlich die Zahlen der Kirchenaustritte des Jahres 2019 einen weiteren Schock ausgelöst hatten. Sie markierten für beide Konfessionen einen historischen Höchststand; aus den evangelischen Landeskirchen verabschiedeten sich 270.000 Menschen, etwa 22 Prozent mehr als im Vorjahr, und damit gehören ihnen (nur) noch etwa 21,5 Mio. Menschen an. Das verstärkte die Erschütterung des Vorjahres, in dem das Freiburger Forschungszentrum Generationenverträge eine Studie zur Kirchenmitgliedschaft im Jahr 2060 vorgelegt und eine Halbierung auf etwa 10,5 Mio. Mitglieder prognostiziert hatte. Dabei sei der demografische Wandel (Sterbeüberschuss) für weniger als die Hälfte des Mitgliederrückgangs verantwortlich, stärker wirke sich das Austrittsverhalten der Kirchenmitglieder sowie die (zu niedrige) Zahl der Taufen aus. Letzteres mag als ein eher positiv zu bewertender Aspekt verstanden werden, denn beides kann – anders als sich bereits vollziehende demografische Prozesse – jedenfalls im Grundsatz beeinflusst werden. Umso größer war also ein Jahr später das Erschrecken über die stark gestiegenen Austrittszahlen, die nochmalige Beschleunigung signalisierten – es kann schlimmer kommen als vorausgesagt und schon gar angesichts der unwägbaren Folgen der länger als ein Jahr andauernden Corona-Pandemie. Im Frühjahr 2021 ist die Einsicht nachgerade unausweichlich geworden, dass der Weg in die Zukunft steinig ist und die weitere Schwächung aller Wahrscheinlichkeit nach nicht aufgehalten werden kann.

Die Kirche wird nicht erst in diesen Tagen kleiner. Vielmehr handelt es sich um einen langwährenden Prozess, der mit Fug und Recht als säkular bezeichnet werden kann, da er nunmehr seit einhundert Jahren andauert. Kirchenaustritte in größerem Umfang gab es im Deutschen Reich erstmals in den Jahren nach dem Ersten Weltkrieg, so traten aus der sächsischen Landeskirche in den Jahren 1920–1922 etwa 200.000 Personen aus. Das war eine damals geradezu unvorstellbar hohe Zahl; es handelte sich vor allem um Reaktionen auf das Kriegserlebnis und das Zerbrechen der alten Ordnung, deren Teil das evangelische Kirchentum war.[9] Seitdem hält die Entwicklung an, wenn auch die Zahlen zunächst wieder sanken und die Dynamik die Zeiten hindurch variierte; noch 1953 gehörten 95 Prozent der sächsischen Bevölkerung der Landeskirche an, 2020 waren es knapp 18 Prozent. In einer langfristigen Betrachtung erscheint der vom diktatorischen DDR-Staat erzwungene massenhafte Abschied als Teil eines Geschehens, das lange vorher begonnen hatte und sich nach 1990 fortsetzte.[10] Die Aussagen der Freiburger Studie können also aus historischer Sicht nicht überraschen, sie erscheinen angesichts der geschichtlich langen Linien plausibel. Zudem ist der Prozess auf allen Ebenen des kirchlichen Lebens wirkmächtig und entsprechend von allen Beteiligten gut zu beobachten, den Veränderungen kann niemand ausweichen. In den kommenden Jahren wird zu erleben sein, wie Vergangenheit und Gegenwart die Zukunft formen – und wie die Kirche darauf reagiert.

Die 1950er und 1960er Jahre sahen in Westdeutschland einen Aufschwung des kirchlichen Lebens und viele Kinder und Jugendliche – die Generation der »Babyboomer« – nahmen an attraktiven Angeboten teil. Nach der Katastrophe des religionsfeindlichen Nationalsozialismus gab es eine Zuwendung zur Kirche und ihrer Botschaft, man mag darin eine Analogie zur restaurativen Stimmung jener Zeit sehen. Als ich 1974 in den kirchlichen Dienst eintrat, war schon eine andere Grundströmung prägend, die sich in der späteren Wahrnehmung mit dem Jahr 1968 verband, dem Aufbegehren eines Teils der Jugend. Wir Pfarrerinnen und Pfarrer in den ersten Amtsjahren waren der Auffassung, dass auch der Kirche ein Aufbruch gut tun würde, und hielten uns (durchaus unbescheiden und in juveniler Arroganz) für das geeignete Personal, diesen in die Wege zu leiten. In vielen Bereichen der Gemeindearbeit wurden neue Wege betreten und zahlreiche Ansätze erprobt, insbesondere im Gespräch mit den Humanwissenschaften. Es gab kraftvolle und substantiierte Versuche, das Leben der Kirche zu vitalisieren und ihre Prägekräfte zu stärken. Nicht nur mit Blick auf die eigene Pfarrergeneration kann keine Rede davon sein, dass Kirchen und Theologie der Entwicklung nicht entgegengetreten wären oder sich ihr gar ergeben hätten, im Gegenteil. Schon der Neuansatz der dialektischen Theologie unmittelbar nach dem Ersten Weltkrieg zeugt davon, und die Arbeit Dietrich Bonhoeffers im Finkenwalder Predigerseminar ist von dem Bemühen bestimmt, Antworten auf die Säkularisierungsphänomene zu finden, sowohl gemeindepraktisch als auch in der theologisch-geistlichen Bewältigung. In den Jahrzehnten nach dem Zweiten Weltkrieg waren sich die unterschiedlichen Frömmigkeiten und theologischen Prägungen durchaus einig in ihrem Bemühen, auf die zunehmende Distanzierung breiter gesellschaftlicher Schichten von Glauben und Kirche zu reagieren. Wohl unterschieden sich die Erneuerungs- und Öffnungsstrategien der pietistischen geprägten Kreise von denen der theologisch liberalen Strömungen; gemeinsam war ihnen, dass man sich ernsthaft um erfolgversprechende Neuansätze bemühte, abgeleitet aus den je eigenen theologischen Traditionen. Man denke nur an das Neue geistliche Lied oder die Ten-Sing-Bewegung, den enormen Aufschwung der Kirchentage ab Mitte der 1970er Jahre, die Entdeckung des »fernen Nächsten«, das Gewicht der Friedensethik und des »konziliaren Prozesses«, die ökumenische Gemeinschaft mit der r.-k. Kirche, den Dialog mit dem Judentum, spirituelle Aufbrüche wie die Blüte der Hauskreise oder die erneuerte Abendmahlsfrömmigkeit, das Christival und die Familiengottesdienste, die »Gute Nachricht Bibel« (erstmals »in heutigem Deutsch«) – all das und vieles mehr war wirksam, nicht vergebens und hat ungezählten Christenmenschen dazu verholfen, in der Nachfolge des Auferstandenen eine christliche Existenz zu führen. Den Schwund haben die Bemühungen allerdings nicht aufgehalten; in den Jahrzehnten meiner Berufstätigkeit wurde die Kirche unaufhaltsam kleiner, ihre Prägekraft nahm ab und heute ist der Einfluss auf das individuelle wie gesellschaftliche Leben deutlich geschwächt. Darin liegt ein Verlust, in einem persönlichen Sinn auch ein Schmerz – trotz allen Bemühens konnte die eigene Pfarrergeneration das Verblassen des Glaubens nicht verhindern. Insofern wäre eine kritische Auswertung angezeigt. Es könnte ja sein, dass es »blinde Flecken« gegeben hat, dass also Entwicklungen nicht erkannt oder ignoriert wurden, die zu der gegenwärtigen Situation geführt haben; unumstritten waren die eingeschlagenen Wege und gewagten Aufbrüche ja zu keiner Zeit. Dann wäre aus den zurückliegenden Jahrzehnten vielleicht etwas zu lernen für den Umgang mit den aktuellen Schwierigkeiten.

Denn die »geistige Situation der Zeit«[11] ist unverändert von Strömungen geprägt, die den Kirchen seit langem und nicht erst in diesen Tagen zusetzen. Insbesondere setzen sich die umfassenden Individualisierungsprozesse in der Gesellschaft fort. Das Leben nach eigenem Gutdünken zu gestalten, die Vorstellungen und Wünsche des »Guten« selbst zu entwickeln und zu verwirklichen, hat allerhöchste Priorität. Die Suchbewegungen der Menschen reichen in alle Richtungen, wenn sie nur die Sehnsucht nach Selbstbestimmung zu erfüllen versprechen. Im Zeitalter von Globalisierung und Digitalisierung sind die individuellen Möglichkeiten nahezu unbegrenzt und darüber schwinden die Bindungen an die gemeinschaftlichen Strukturen des Lebens. Das ist nicht nur für die Kirchen ein Problem, deren Mitgliedschaft in der Mitte des Jahrhunderts trotz der absehbaren Schrumpfung immer noch die größte gesellschaftliche Gruppe sein dürfte. Denn alle anderen Verbände, Zusammenschlüsse, Parteien[12], Gewerkschaften und Vereine durchlaufen ähnliche Entwicklungen, teilweise noch gravierender und schneller fortschreitend. Wie unterschiedlich die Institutionen auch beschaffen, in welchen Bereichen des Zusammenlebens sie auch angesiedelt sind, verlieren sie doch durchweg an Zustimmung. Feuerwehrleute und Rettungskräfte müssen damit rechnen, im Einsatz beschimpft zu werden, die Auflagenverluste der Zeitungen sind trotz allen Bemühens nicht zu stoppen und in Sachsen werden inzwischen etwa 70 Prozent der Kinder nichtehelich geboren. Lange hat man in der sozialwissenschaftlichen Diskussion von der Pluralisierung der Lebenslagen gesprochen; inzwischen ist offenkundig, wie sehr und tiefgreifend sie das Land verändert hat. Noch in den 1970er Jahren des vergangenen Jahrhunderts standen soziale Einbindung und Gruppenzugehörigkeit im Vordergrund und eine weitreichende kulturelle Homogenität prägte das Land. Längst haben aber umfassende Emanzipationsprozesse, Migrationsbewegungen und die Liberalisierung der Rechtsordnung das Zusammenleben verändert, die Menschen sind hedonistischer und kosmopolitischer geworden. Eine unübersehbare Vielfalt an Optionen für eine individualisiert-autonome Lebensführung ist möglich geworden und wird auch gelebt. Inzwischen spricht man von der »Gesellschaft der Singularitäten«.[13] Damit ist gemeint, dass weniger denn je Formate des Gemeinschaftlichen die Entwicklung bestimmen, sondern das jeweils Besondere, Einzigartige im Vordergrund steht wie auch der Wunsch, sich zu unterscheiden, durch den Lebensstil abzuheben von anderen, als singulär wahrgenommen zu werden. Dementsprechend finden die Interessen der Minderheiten Aufmerksamkeit und es wird gefragt, ob es denn überhaupt noch Mehrheiten geben könne. Nicht länger das Allgemeingültige, sondern Partikularinteressen bestimmen die Tagesordnungen der Debatten; »Identitätspolitik«, die sich an bestimmte Gruppen wendet und die Sichtweisen anderer bewusst ausblendet, gewinnt an Einfluss. Selbstverwirklichung ist für nicht wenige zu einem kategorischen Imperativ geworden, der immer neue und höhere Ideale erzeugt. Allerdings wird zunehmend deutlich, dass man nur scheitern kann, wenn unter dem ruhelosen Druck eines Zwangs zur Selbstoptimierung dauerhafter Stress entsteht. Wird der Individualismus auf die Spitze getrieben, verkehrt sich die Aussicht, frei und selbstbestimmt das eigene Leben gestalten zu können »in einen Egoismus der Einzelnen gegen die Institutionen«.[14] Sie werden weithin als einengende Zwangsstrukturen betrachtet und begegnen darum Skepsis und Misstrauen – und bleiben dennoch unentbehrlich für das Gelingen des Zusammenlebens; denn ihre Funktion besteht ja nicht zuletzt darin, den Individuen Orientierung in Konflikten und Unterstützung in Krisen zu geben. Aber ihre zunehmende Schwäche lässt vielen Menschen den Umgang mit den großen individuellen Freiheiten misslingen; Überforderung, Burn-out und Depressionen sind darüber zu neuen Volkskrankheiten geworden. Über dem Schwinden des Gemeinsam-Verbindenden nehmen unübersehbar Haltlosigkeit und Verletzlichkeit zu. Man könnte meinen, »dass der Gewinn an äußeren Freiheiten durch einen Zuwachs innerer Ängste und Neurosen aufgewogen würde«.[15] Dennoch bleibt den Krisenphänomenen zum Trotz das Ideal der Freiheit von Zwängen des Zusammenlebens, der Autonomie in der Lebensführung wirkmächtiger denn je; die Auflösung der Gemeinschaften und die Erosion des gesellschaftlichen Zusammenhalts schreiten fort, beschleunigen sich gar.

Die christliche Kirche kann dem nicht folgen. Denn für sie ist der Gemeinschaftsgedanke konstitutiv. Wohl kann man Gott in der Einsamkeit suchen oder »Sinn und Geschmack für das Unendliche« entwickeln; für sich alleine Christus nachzufolgen ist aber nachgerade unmöglich. Schon das Werden des Glaubens ist vermittelt, auf das Zeugnis anderer angewiesen, und die Taufe gibt sich niemand selbst, auch nicht die Gemeinschaft um Brot und Wein. Der Alltag des Christenmenschen ist in Gottesdienst und Gespräch mit der Gemeinde verbunden, das ist erfahrungsgesättigt und nicht etwa bloße Behauptung der Bekenntnisse. Die Erfahrungen mit den Lockdowns in Winter und Frühjahr 2020/21 lassen keinen Zweifel daran, wie zentral das gemeinschaftliche Leben für die Gläubigen ist – ausgefallene Christvespern am Heiligen Abend, der Verzicht auf die Feier der Osternacht, abgesagte Gruppen und Hauskreise und der fehlende Gesang im Gottesdienst sind einschneidende Verluste, die durch digitale Formate nicht kompensiert werden können. Die Bindung an Christus setzt Bemühen um Erkenntnis und Suche nach Verstehen frei, und das eine wie das andere haben unabhängig von den Umständen der Zeit ihren Ort in der Gemeinschaft der Getauften und Gläubigen, wie es das Augsburger Bekenntnis in Artikel 7 sagt: »Es wird auch gelehrt, dass allezeit eine heilige, christliche Kirche sein und bleiben muss, die die Versammlung aller Gläubigen ist, bei denen das Evangelium rein gepredigt und die heiligen Sakramente laut dem Evangelium gereicht werden ...« Der christliche Glaube stiftet eine Gemeinschaft, in der Glaube entsteht und gestärkt wird und die Gläubigen einander zu Nächsten werden. Sie sind auf die Gegenwart der Schwestern und Brüder angewiesen und leben gemeinsam die Freiheit der Christenmenschen. In der Kirche, nicht mit sich allein.

Der »*Leib Christi*« (1. Kor 12) bewegt sich in eine Zukunft hinein, deren Umrisse deutlich erkennbar sind, während der Auftrag unverändert bleibt – das Evangelium von Gottes Barmherzigkeit durch Wort und Tat zu bezeugen. Daraus folgt die Aufgabe, der Kirche eine Gestalt für das Kommende zu geben, die es ihr erlaubt, trotz ihrer anhaltenden Schwächung dem Auftrag gerecht zu werden. Bildlich gesprochen: den Mantel, der ihn kleidet, an den schmaler gewordenen Leib anzupassen. Es handelt sich um eine Gemeinschaftsaufgabe; sie ist allen gestellt, die der Kirche angehören, den Kirchenleitungen nur zuerst.

WAS NUN?

Nicht nur die evangelischen Landeskirchen Deutschlands, sondern alle Konfessionen Europas sind von den Prozessen verblassender Kirchlichkeit betroffen, auch in den Nachbarländern geschah und geschieht ganz Ähnliches. Man denke nur an die Niederlande oder an Frankreich, selbst in Irland oder Polen verliert die r.-k. Kirche stark an Zustimmung und Rückhalt. »Rom« ist nicht anders betroffen als die Freikirchen, der Norden des Kontinents ebenso wie sein Süden. Versuche zur »Re-Evangelisierung Europas« gab und gibt es, aber eine Trendwende oder gar ein Ende des säkularen Prozesses der Entkirchlichung und des Glaubensverlustes ist nicht in Sicht; im Gegenteil scheint er sich gegenwärtig nochmals zu beschleunigen.

In unserem Land ist darüber ein Widerspruch entstanden, der geschichtlich begründet ist. Schon der Begriff »Landeskirche« signalisiert, dass sich in ihr die Christenmenschen eines Staates sammeln, in dem Christengemeinde und Bürgergemeinde eng miteinander verbunden sind; so gehörte man in Sachsen der sächsischen Landeskirche an. Das war der Grundsatz, dem der Aufbau des evangelischen Kirchentums im 16. Jahrhundert folgte und bis heute ist dessen innere Struktur daran orientiert, wenn sich auch über die Zeiten die Umstände verändert haben. Immer wieder gab es Migrationsbewegungen, Angehörige anderer Konfessionen und Religionen zogen zu und mussten nicht das lutherische Bekenntnis annehmen, der sächsische Kurfürst konvertierte gar zum r.-k. Glauben. Aber in jedem Dorf gab es eine Kirchgemeinde mit dem Status einer Körperschaft des öffentlichen Rechts und dem damit verbundenen Anspruch wurde das Handeln ihres Kirchenvorstands gerecht, so ist es bis heute. Die Pfarrerinnen und Pfarrer werden an staatlichen Universitäten ausgebildet, die Landeskirchenämter besetzen die Leitungskollegien in der Regel paritätisch mit Theologen und Juristinnen, der Mitgliedsbeitrag nennt sich »Steuer« und wird von den Finanzämtern eingezogen, wer aus der Kirche austreten will, muss dies bei einer staatlichen Stelle erklären, die Kirche ist flächendeckend noch in den kleinsten Dörfern präsent – man könnte die Beispiele für den staatsanalogen Aufbau fortsetzen.

Immer wieder wurde die Frage gestellt, ob diese Nähe zum Staat evangeliumsgemäß war oder ist. Ob es der christlichen Kirche erlaubt sein kann, sich den staatlichen Machtstrukturen so weit anzunähern, dass auch »andere Ereignisse und Mächte«[16] ihr Leben und Zeugnis beeinflussen könnten. Die Frage ist als solche sicherlich berechtigt. Denn es hat im Leben der reformatorischen Kirchen Zeiten gegeben, in denen sie der Versuchung erlegen sind, sich zu sehr und geradezu symbiotisch an den Staat zu binden. Nicht zuletzt sprechen die massenhaften Kirchenaustritte nach dem Ersten Weltkrieg eine deutliche Sprache – als die alte Ordnung ihre Legitimität verloren hatte, wendeten sich viele Menschen von der Kirche ab, die sie oftmals distanzlos getragen hatte. Predigten, die im Kriegsjahr 1917 zum 400. Gedenken der Reformation gehalten wurden, kann man heute nur entsetzt und beschämt lesen. Später dann war die Bekennende Kirche der 30er Jahre eine notwendige – und leider zu schwache – Reaktion auf die Gefahren für das Kirche-Sein, die von den »Deutschen Christen« ausgingen. Diese Erinnerungen bedeuten allerdings nicht, dass die theologische Legitimität des Landeskirchentums generell fraglich wäre. Denn auf das Ganze gesehen haben die reformatorischen Kirchen in Deutschland und Europa dem Evangelium gedient und zum Wohl der jeweiligen Gesellschaften gewirkt. Es ist eine Geschichte von empfangenem Segen, von Glaubensmut und Nächstenliebe, in die Schuld und Versagen eingewoben sind. Für ein generelles Verdikt über die evangelischen Kirchen wegen ihres Verhältnisses zum Staat gibt sie weder Anlass noch Grund. Bereits in der Frühphase der Reformation beschäftigte sich Martin Luther mit den Fragen nach dem Verhältnis von geistlichem Leben und staatlicher Macht, weil sie schnell unabweisbar geworden waren. Die Wiederentdeckung des Glaubens hatte politische Konflikte ausgelöst, und letztlich ermöglichte das Eingreifen der Kurfürsten die Durchsetzung der Reformation, sie wäre sonst den Machtstrukturen der Zeit zum Opfer gefallen. Wie real diese Gefahr war, zeigte sich später in der Gegenreformation,[17] als die Machtpolitik des damaligen Habsburgerreichs die geistlichen Aufbrüche der Gemeinden erstickte.

Staat und Kirche waren und sind immer aufeinander bezogen und beide Seiten bleiben darauf angewiesen, das Verhältnis konstruktiv zu gestalten. Denn das Evangelium ist ein politisch bedeutsames Phänomen, weil es die Sicht der Gläubigen auf die Wirklichkeit und ihr Handeln in den verschiedenen Lebensdimensionen prägt und insofern zu einem gesellschaftlichen Einflussfaktor wird. Das zeigte sich zuletzt in dem »Wendejahr« 1990 in seltener Klarheit, als überall in den »neuen Ländern« Christenmenschen politische Verantwortung übernahmen, die zuvor in Opposition zum diktatorischen Staat gestanden hatten. Nun wurden sie, ausgestattet mit einem demokratischen Mandat, zu staatlichen Repräsentanten und amtierten geprägt von ihrem christlichen Glauben in Verantwortung vor Gott und den Menschen.[18] Das war hilfreich, folgerichtig und hat dem Land und seinen Menschen geholfen. Stattdessen in der Nische zu verharren, in die der DDR-Staat die Glieder der Kirche zwingen wollte, wäre verfehlt und sogar »unevangelisch« gewesen. Daraus kann man lernen, dass die Kirche nicht nur dem Staat zu nahe kommen und sich darüber verlieren kann, sondern auch einen Beitrag zum Wohlergehen der Gesellschaft zu leisten vermag, der nur ihr möglich ist. Das eine ist ihr verwehrt, das andere aufgetragen. »Schluss mit der Macht-Kirche«[19] ist eine griffig-radikale Forderung, die gelegentlich erhoben wird; sie verkennt aber die Komplexität der Wechselbeziehung von Macht und Freiheit bzw. von Evangelium und Gesetz und wird der vielschichtigen Wirklichkeit dieser Tage nicht gerecht. Heute kann das Verhältnis zum demokratischen Rechtsstaat nicht als problematisch angesehen werden, denn er garantiert die freie Religionsausübung, respektiert das Eigenleben der Kirchen und räumt ihnen alle Möglichkeiten ein, entsprechend dem eigenen Selbstverständnis tätig zu werden, ohne dafür »Wohlverhalten« zu erwarten. Um nur ein positives Beispiel unter sehr vielen zu nennen: Die Mitwirkung in den Härtefallkommissionen bei den Innenministerien gibt den Kirchen die Möglichkeit, in der Migrationsproblematik humane Lösungen zu erreichen, nachdem und obwohl die aufenthaltsrechtlichen Verfahren abgeschlossen sind. Wenn sich die Kirche gelegentlich in zu große Nähe des Staates begibt, so geschieht dies ohne Not und fällt ausschließlich auf sie selbst zurück. Von einem gravierenden Beispiel wird leider noch in dem Abschnitt zur Diakonie zu reden sein.

Der Widerspruch in der kirchlichen Situation der Gegenwart resultiert nicht aus einer vermeintlichen Staatsnähe, sondern aus dem Umstand, dass die Kirche aus einer Mehrheitssituation kommt, die ihre Verfasstheit und innere Struktur prägt – während die Wirklichkeit ihres Lebens durchgängig von der Minderheitssituation bestimmt ist. Die vergangenen Jahrzehnte haben insbesondere den ostdeutschen Landeskirchen genügend Gelegenheit geboten, sich mit der Problematik auseinanderzusetzen. Es hat bereits vielfältige und auch erfolgreiche Veränderungen gegeben, Strukturen und Arbeitsweisen wurden an die veränderten Umstände angepasst, manch Wesentliches aus vergangenen Zeiten aber beibehalten; Kirche ist auch in ihrer institutionellen Verfasstheit beharrlich. Angesichts der gegenwärtigen Beschleunigung der Schrumpfungsprozesse aber steht zunehmend die Frage im Raum, ob ein weiteres Festhalten daran nachteilige Folgen zeitigt, gar das Zeugnis der Kirche hindert – welche Veränderungen die Minderheitssituation erfordert.

VERSUCHUNG

Die absehbare Entwicklung wird eine Fülle von konkreten Herausforderungen mit sich bringen, denen im Folgenden nachgegangen wird. Die wichtigste und vielleicht schwierigste ist eine theologisch-geistliche Gestaltungsaufgabe.

Sie ergibt sich daraus, dass es für jede menschliche Gemeinschaft leichter und angenehmer ist, Wachstum gestalten zu können als Schrumpfung hinnehmen zu müssen. Dynamik setzt aus sich heraus neue Perspektiven frei; dagegen kann es nicht anders denn als Belastung empfunden werden, einer Situation der Schwäche und abnehmender Möglichkeiten ausgesetzt zu sein und dies vor dem Hintergrund einer stärkeren, kraftvolleren Vergangenheit. Die langandauernde Erfahrung, Verluste zu erleiden und diese Entwicklung auch nicht aufhalten zu können, prägt das Leben unserer Kirche inzwischen bis in Tiefendimensionen hinein. Erschwerend kommt hinzu, dass Wachstum, jedenfalls in der üblichen, undifferenzierten Betrachtungsweise, zu einer Ideologie geworden ist, nicht nur in der Wirtschaft, sondern auch im persönlichen Bereich; man denke nur an die zahllosen Optimierungsstrategien zur Verbesserung der individuellen Leistungsfähigkeit. Insofern ist es von vornherein beschwerlich, in einer Institution zu leben und zu arbeiten, die unablässig und für jedermann erkennbar schrumpft. Das Befinden nicht weniger in der Kirche wird von Vergeblichkeitserfahrungen beeinflusst; wer sich mit seinen Kräften und Begabungen dafür einsetzt, dass Menschen dem Evangelium begegnen, und dennoch erleben muss, dass die Gemeinde und die Kirche kleiner werden, kann darüber müde werden oder wird gar erleben, dass sich ein Schatten auf die Seele legt. Es ist ja unmöglich, die Prozesse zu ignorieren oder sich von ihrer Wirkmächtigkeit »abzukoppeln«. Der Gottesdienstbesuch hat nachgelassen, es gibt weniger Konfirmationen, Trauungen und Taufen, Gemeindegruppen überaltern, Akademietagungen fallen mangels Zuspruch aus. Der Eindruck, das eigene Bemühen sei vergeblich, kann unabweisbar werden und stark belasten. Insofern liegt in den Schrumpfungsprozessen unserer Kirche und der Aussicht, dass sie sich weiter fortsetzen werden, eine Gefährdung sowohl für das Kirche-Sein als auch für das Leben der Gläubigen in ihr.

Die Situation kann in einem geistlichen Sinn nicht anders denn als Versuchung verstanden werden. Die Evangelien erzählen (Mt 4,1 ff. par.), wie Jesus in Gefahr gerät, als ihm zugemutet wird, seinem Auftrag angesichts verlockender Alternativen zu folgen, und er der Versuchung widersteht. Er antwortet dem Versucher mit einem Zitat aus der hebräischen Bibel – »Du sollst anbeten den Herrn, deinen Gott, und ihm allein dienen« – und unter diesem Vorzeichen beginnt dann die Zeit seiner Wirksamkeit. Heute liegt die Versuchung darin, die nun schon so lange anhaltende Schwächung tatenlos hinzunehmen, sich dem depressiven Moment zu überlassen, das den Prozessen schwindenden Rückhalts und abnehmender Möglichkeiten innewohnt, oder gar Räume des Glaubens dem Zweifel zu überlassen. Dann allerdings würde es der Kirche unmöglich, ihrem Auftrag zu folgen, Christus zu bezeugen. Sie wüsste nicht hilfreiche Antworten auf die Situation zu finden, würde sich bietende Möglichkeiten durch ängstliches Unterlassen verpassen, das Notwendige bliebe ungetan, die Kirche wäre der Versuchung erlegen. Schon in der alten Kirche wurde die »Herzensträgheit« (Akedia) – heute würde man von Melancholie oder Schwermut sprechen – als eine Versuchung angesehen, der es zu widerstehen gilt. Der Apostel Paulus kennt das geistliche Gegenmittel: »Gott hat uns nicht gegeben den Geist der Furcht, sondern der Kraft und der Liebe und der Besonnenheit« (2. Tim 1,7).

Dieser Geist hilft, der Verheißung zu trauen, die der Kirche gegeben ist, nämlich dem Versprechen, dass der Herr sie auf ihrem Weg begleitet. Es gilt auch in Zeiten abnehmender Kräfte. Wer wollte behaupten, dass es irgendeine Generation in der »Wolke der Zeugen« (Heb 12,1) gegeben hätte, deren Aufgaben leichter oder mit weniger Mühsal verbunden gewesen wären als die unseren? Wann je hätte es Äcker ohne Steine und Dornen gegeben? Wir sollten uns vergegenwärtigen, dass es sich bei dem Phänomen von Wachsen und Vergehen um ein Grundgesetz des Lebens handelt, wie es schon die unablässige Wiederholung des Einatmens und Ausatmens ist; und selbstverständlich ist das eine wie das andere von dem Segen Gottes umfasst. Lastende Schwäche zu ertragen und doch dem Auftrag zu folgen wird insofern zu einem Thema des geistlichen Lebens. Ihm geht es ganz bestimmt nicht darum, der Welt mit ihren Zumutungen zu entfliehen; vielmehr hält es vielfältige Segnungen bereit, die den Christenmenschen helfen, angesichts von Ohnmachtserfahrungen ihren Glauben fröhlich zu leben. Was meint, die Minderheitssituation anzunehmen und mit der Situation überlegt und verantwortlich umzugehen, den Wandel geistbestimmt zu gestalten, der Versuchung zu widerstehen.

Eine besondere Verantwortung kommt dabei dem geistlichen Amt zu. Das evangelische Verständnis unterscheidet Person und Amt voneinander und nimmt damit eine Verhältnisbestimmung für Leben und Dienst der Geistlichen vor, die beiden Dimensionen zu je ihrem Recht verhilft, ohne sie in eins zu setzen. Pfarrerinnen und Pfarrer sind berufen, das Evangelium zu verkündigen, den Menschen in der Seelsorge zu dienen und »Lehrer des Wortes« zu sein; sie leiten das geistliche Leben der Kirchgemeinden an. Dieser Aufgabe kommen sie im Alltag des Lebens nach, sie führen keine Sonderexistenz, die sie von den Gemeindegliedern und deren Lebenskonflikten trennen würde. Sie leben ihre Liebesbeziehung, gründen eine Familie, sind ihren Kindern Vater und Mutter. Die damit verbundenen Freuden, Aufgaben und Sorgen treten nicht hinter die geistlichen Verpflichtungen zurück, sondern behalten ihr eigenes Gewicht. Heute leiden viele Pfarrerinnen und Pfarrer unter den raschen Veränderungen ihres Arbeitsumfeldes, die kaum oder nur schwer zu beeinflussen sind, einen erheblichen Druck erzeugen und Wohlbefinden wie Arbeitsfähigkeit belasten können. Darin begegnen sie einer Versuchung, die sich auf die Seele legen kann. Umso wichtiger wird es, die spirituelle Dimension im beruflichen Alltag zu stärken oder sich um ihre Wiederentdeckung zu bemühen. Was zuerst meint, dem eigenen geistlichen Leben das ihm zukommende Gewicht zuzugestehen. Es darf nicht als Instrument zur Aufgabenerfüllung benutzt werden; missbräuchlich wäre, es unter einem funktionalen Vorzeichen zu betrachten, Nützlichkeitserwägungen anzustellen. Denn geistlich leben auch die Ordinierten um der eigenen Gottesbeziehung willen – nur so und erst dann werden sie frei zur geistlichen Leitung und dürfen erleben, dass diese von der Gemeinde angenommen wird. Über lange Zeiträume haben sich einige wenige klar formulierte Grundsätze bewährt, die stets aufs Neue eingeübt sein wollen; so die regelhafte »stille« Zeit im Tagesablauf, das andauernde Gespräch mit der Bibel oder die schlichte Regel »ora et labora«. Sie verschränken das Tätigsein und dessen Wirkung mit Gott und leiten dazu an, dem Auftrag zur Weltgestaltung nachkommen in einer vom Geist bestimmten Haltung zur Wirklichkeit. Sie bildet sich in der täglichen Begegnung mit der Heiligen Schrift unter der hoffnungsvollen Erwartung, darin die Anrede Gottes zu hören; sie will entfaltet sein in dem angemessenen Verhältnis von Anspannung und Entspannung bzw. in der ausgewogenen Be- und Entlastung von Körper und Geist; sie gestaltet das gemeinschaftliche Leben im Wechsel von Geben und Empfangen und weiß, dass Seelsorge nur geben kann, wessen Seele umsorgt wird. Die geistbestimmte Haltung wird gestärkt im Gottesdienst, in dem die Gegenwart Gottes die Hoffnung der Gemeinde weckt, ihren Glauben heiligt und ihre Liebe segnet. Und sie bewirkt Außenorientierung, denn das geistliche Leben kann sich nicht beschränken auf die Pflege des Inneren – Mission ist ihr in einem gewissen Sinn eingeschrieben.

Letztlich prägt das geistliche Leben die Kirche und erst recht ihre Zukunft. Die spirituelle Dimension wird wohl entscheiden, ob es der Kirche angesichts der anstehenden Entwicklungen gelingen wird, handlungsfähig zu bleiben und ihrem Auftrag zu folgen, »durch Predigt und Sakrament die Botschaft von der freien Gnade Gottes auszurichten an alles Volk«.[20] Oder ob sie in den notwendigen Veränderungen und Umbauten mit sich selbst beschäftigt sein wird und darüber ihre Mission verliert. Ob die Kirche der Versuchung erliegt oder ihr widersteht. Schon vor vielen Jahren hat Bischof Axel Noack den Lernprozess beschrieben, der ansteht: »Wir müssen es lernen, den Schrumpfungsprozess fröhlich und gelassen zu gestalten und gleichzeitig wieder mehr werden zu wollen«. Dabei ist nicht entscheidend, ob der Wille zu seinem Ziel kommt und die Kirche wächst. Sondern dass die Geistorientierung den Auftrag im Blick behält; sie ist die Voraussetzung des Gelingens.

POLARISIERUNGEN

Die Kirchenaustritte der vergangenen Jahre entsprechen dem langfristigen Trend des zurückliegenden Jahrhunderts. Aus den Kirchenmitgliedschaftsuntersuchungen, die im Abstand von jeweils zehn Jahren seit 1972 durchgeführt werden,[21] sind die Gründe, soweit sie mit sozialwissenschaftlichen Methoden erhoben werden können, im Wesentlichen bekannt. In aller Regel ist der Austritt der letzte Schritt nach einem langandauernden Prozess der Entfremdung vom christlichen Glauben und der Kirche, in dem überkommene, familiär und kulturell tradierte Überzeugungen verblassten und verlorengingen. Insofern ist die heutige Kirchenferne insbesondere im Osten Deutschlands von nahezu vollständiger Gleichgültigkeit bestimmt. Die Mehrheitsgesellschaft weiß nichts über den Glauben der Kirche und vermisst dieses Wissen auch nicht. Das ist nicht weiter verwunderlich, nachdem in den Familien über die Zeitspanne von drei Generationen hinweg der Glaube weder praktiziert noch vermittelt wurde. Die Religion wurde an den Rand des Lebens gerückt, und zugleich »entzauberten« in Folge des aufklärerischen Fortschrittsparadigmas anhaltende Säkularisierungsprozesse die Welt. Längst erscheint das Menschenleben als eine Gestaltungsaufgabe in eigener Kompetenz, umfassende Emanzipations- und Individualisierungsprozesse haben die Lebenswirklichkeiten geprägt, ließen religiöse Deutungsmuster und die Empfindsamkeit für Transzendentes verblassen.[22] Interessen wie Gefühle richten sich auf irdische Güter und Möglichkeiten, die den Individuen in schier unbegrenzter Fülle zur Auswahl stehen. Darüber erscheint die Bindung an Gemeinschaften, und gerade solche des Weltverständnisses, wenn nicht als hinderlich, so doch als unnötig. Im Osten spielt zudem die Erfahrung, einer totalitären Ideologie ausgeliefert gewesen zu sein, eine gewisse Rolle.

Über die Ursachen des nochmaligen Anstiegs der Kirchenaustritte 2019 ist noch nichts bekannt; man wird jedoch vermuten können, dass sie mit der allgemeinen gesellschaftlichen Polarisierung zusammenhängen. Selten zuvor war das Land so sehr gespalten wie in diesen Tagen. Divergierende Auffassungen und Haltungen, die unvermittelt nebeneinander stehen, begegnen auch in den Kirchen und stellen die Kirchgemeinden nicht selten vor Zerreißproben. Es ist weithin ungeklärt, wie sie und die kirchenleitenden Gremien mit der polarisierten Situation umgehen können und sollen. Immer wieder müssen sie erleben, dass Aussagen und Stellungnahmen heftig umstritten sind; was die einen erbittert ablehnen, stößt bei anderen auf entschiedene Zustimmung. Das erfuhr die sächsische Landeskirche in besonders schmerzhafter Weise in den Ereignissen vor und nach dem Rücktritt von Landesbischof C. Rentzing. Sie kreisten um die Frage der Abgrenzung konservativer von rechtsextremen Inhalten.

Nation

Die Rückkehr des völkisch-nationalen Denkens in die politische Auseinandersetzung ist zweifellos ein besonders irritierendes Phänomen. In diesem Ungeist war der Krieg des nationalsozialistischen Deutschlands begonnen und geführt worden; man wähnte sich lange sicher, dass der Schrecken dauerhaft wirken und jede Annäherung an die so fundamental diskreditierte Vergangenheit verhindern würde. Umso mehr, als das Projekt der europäischen Einigung stetig zunehmende Dynamik entfaltete und mehreren Jugendgenerationen attraktive Möglichkeiten der Identifikation mit der Idee der Völkerverständigung bot. Aber das war offensichtlich zu kurz gedacht; in nahezu allen europäischen Ländern kann man seit langem beobachten, wie rechtsextreme Inhalte neuerlich anziehend auf zahlreiche Menschen wirken. In Frankreich erhielt der »Front National« schon bei den Europawahlen 1984 etwa 10 Prozent der Stimmen, und auch in traditionell liberal gesinnten Staaten wie den Niederlanden oder Dänemark fanden rechtsextreme Parteien beträchtlichen Zulauf. Die Situation ist besorgniserregend, und auch die Kirchen können ihr nicht ausweichen. Sie leben nicht in einer »eigenen Welt« und selbstverständlich spiegeln sich politische Entwicklungen in ihnen, welcher Richtung auch immer. Man muss vorsichtig sein, wenn es darum geht, aus den biblischen Texten Handlungsanweisungen für moderne gesellschaftliche Konflikte abzuleiten; der zeitliche Abstand ist groß und die Verhältnisse waren ganz anders beschaffen. An einer zentralen Stelle aber ist das Evangelium vollkommen klar und eindeutig unmissverständlich. »Geht nun hin zu allen Völkern und ladet die Menschen ein, meine Jünger und Jüngerinnen zu werden« (Mt 28,19, Basisbibel). Als der Auferstandene am Ende des Matthäusevangeliums seine Jünger auf diese Weise anspricht, gibt er ihrem Glauben eine universale Dimension, in der alle Menschen zu Glaubensgeschwistern werden und Unterschiede wie Differenzen aufgehoben sind, nicht länger trennen. Das Christuswort wurde wirkmächtig, so in Kolosser 3,11.[23] Tatsächlich lebt die Eine Kirche Christi heute weltweit, Menschen aller Völker gehören der Gemeinschaft der Gläubigen an, die in sich alle Verschiedenheiten vereint. Die modernen Ideologien des Rassismus und des Nationalismus[24] stehen ihr entgegen, sind mit ihr unvereinbar. Denn sie betonen und begründen das Unterscheidende, heben das vermeintlich Eigene über das Fremd-andere, um es abzuwerten. Der Glaube sieht es genau andersherum – leugnet nicht die Unterschiede, sondern nimmt das Verbindende in den Blick, betont die gemeinsame Gotteskindschaft. In diesem Geist wurde um 1240 die großartige Skulptur des Hl. Mauritius im Magdeburger Dom aufgestellt, die Gemeinde verehrte einen »Mohren«. 700 Jahre später nannte die afroamerikanische Familie King aus Atlanta, Georgia ihren Sohn Martin Luther. Leider dachten und denken bei weitem nicht alle Christenmenschen so weit und tief, allzu viele handeln auch dem Wort Christi entgegen, Gott sei es geklagt. Aber die lebendige Stimme des Evangeliums übertönt und durchdringt diese Missklänge – »wer Ohren hat zu hören, der höre!« (Mk 4,9).

Moral

Zuletzt hat die Corona-Pandemie nochmals vor Augen geführt, wie sehr unversöhnlich geführte Kontroversen zu einer Signatur der gegenwärtigen gesellschaftlichen Situation geworden sind. Im Sommer 2020 hatten sich »Querdenker« zusammengefunden und die Gefährlichkeit oder gar das Vorhandensein des Virus in Abrede gestellt; im Winter dann dauerte es nicht lange, bis das andere denkbare Extrem »Zero Covid« formuliert und der komplette Shutdown für einige Wochen gefordert wurde, also die Stilllegung aller Fabriken, Büros, Betriebe, Baustellen und Schulen, die Arbeitspflicht müsse aufgehoben werden. Beide Seiten fanden einigen Zulauf, gemeinsam war ihnen trotz aller Gegensätzlichkeit die moralische Überhöhung der je eigenen Auffassung, verbunden mit einer verächtlichen Abwertung anderer Sichtweisen. Leider ist diese Form der Kontroverse seit einigen Jahren in politischen Fragen immer wieder zu beobachten, so dass man bereits von »Strategie der Moralisierung«[25] spricht, die im Kampf um Mehrheiten eingesetzt wird – zugespitzt: »Wer nicht für mich ist, ist kein Andersdenkender, sondern ein schlechter Mensch.«[26] Das ist eine hoch gefährliche Entwicklung, denn der in seiner moralischen Integrität Angegriffene wird sich unweigerlich in seinem Person-Sein bedrängt sehen und mit entsprechender Schärfe reagieren; ein klassisches Schema von Reiz und Reaktion mit Tendenz zur Eskalation. Um die eindeutige Alternative von Gut und Böse geht es im politischen Handeln aber nur in seltenen Ausnahmefällen, wie etwa gegenüber rassistischen Motiven und Taten. In der Regel geht es eher darum, unterschiedliche Möglichkeiten abzuwägen, die aus moralischer Sicht nicht allzu weit auseinander liegen oder gleichermaßen vertretbar sind. Wer dennoch Moral als Waffe in der Auseinandersetzung benutzt, verschärft kontroverse Debatten weiter und macht Verständigung, Ausgleich und Kompromiss nachgerade unmöglich. Das ist in den letzten Jahren leider zu beobachten und gefährdet zunehmend die Funktion moralischer Argumente für das Zusammenleben, nämlich das gemeinsam-verbindende Gute zu formulieren. Für die Kirchen, die herkömmlich als eine »moralische Instanz«

gelten, ist es unter diesen Bedingungen schwierig geworden, die eigene Sicht zu vertreten, ohne polarisierend zu wirken. Sie sollten genau unterscheiden zwischen dem Bemühen um das Gute und der Herabwürdigung anders denkender und urteilender Mitmenschen, zwischen berechtigter Empörung und Selbstgefälligkeit wie -gerechtigkeit, die nicht selten eng verbunden begegnen. Insofern verlangt die polarisierte Situation wohl mehr denn je, abzuwägen und die Grundlage kirchlicher Urteilsbildung im Glauben zu kommunizieren. Dann kommt es nicht so sehr auf deren Ergebnisse an, sondern auf die Möglichkeit der Versöhnung in Christus. Und in den aktuellen Streitfragen für das als richtig Erkannte einzutreten und doch Gegensätze aufzulösen.

Klima

Von der Bewahrung der Schöpfung reden die Kirchen seit mehr als 40 Jahren und handeln entsprechend. In Dresden und Magdeburg setzten 1988/89 die ökumenischen Versammlungen für Gerechtigkeit, Frieden und Bewahrung der Schöpfung wirkmächtige Impulse. Auch damals bestimmten Kontroversen die Zeit, und noch in der Erinnerung könnte man erschrecken: atomar hochgerüstete Machtblöcke in Ost und West, massenhaft emittierte Giftstoffe, rücksichtslose Produktionsmethoden, Zerstörung der Lebensgrundlagen durch Raubbau der schlimmsten Art. Seitdem wurden viele Wunden der Natur geheilt, der ökologische Gedanke erreichte die Breite des gesellschaftlichen Lebens, Christenmenschen veränderten ihre Lebensweise, Kirchgemeinden reduzieren den CO_2-Ausstoß und die Landeskirchen verfolgen Klimaschutzpläne. Wir versuchen, nachhaltig zu leben – und doch heizt die

Atmosphäre sich weiter auf. Die Einsicht ist unausweichlich geworden, dass die Veränderungen menschengemacht sind, verursacht von der überkommenen Weise des Wirtschaftens. Die Erderwärmung ist eine Herausforderung für die Menschheit, und zum Glück gelang es den Staaten 2015, sich auf das Ziel Klimaneutralität zu verständigen und es gemeinsam anzustreben. Es ist gut begründet, allgemein zustimmungsfähig und gerechtfertigt, nicht zuletzt vor den Lebensinteressen kommender Generationen. Allerdings erfordert die Umsetzung, Vertrautes in Frage zu stellen und mit Traditionen und Gewohnheiten zu brechen, wozu nicht alle bereit sind. Zudem brauchen Veränderungen Zeit, und inzwischen meinen vor allem die Jungen, es werde zu wenig und zu langsam gehandelt. Darüber werden die Töne schriller und extrem gegensätzliche Positionen stehen gegeneinander – während die einen von Panik sprechen, die sie antreibt, leugnen andere das Offensichtliche und bestehen darauf, weiterzumachen wie bisher.

Realitätsverweigerung aber hilft nicht weiter, und Angst ist niemals ein guter Ratgeber. Schon gar nicht, wenn es ernst ist. Dann kommt es eher auf Vertrauen an. »Solange die Erde besteht, sollen nicht aufhören Aussaat und Ernte, Kälte und Hitze, Sommer und Winter, Tag und Nacht.« (1. Mose 8,22) Am Ende der Erzählung von der großen Flut nimmt Gott den Menschen die Angst vor dem Untergang, und der Regenbogen »soll das Zeichen sein des Bundes zwischen mir und der Erde« (9,13). Denn die Grundlagen des Lebens sind seine Gabe und bleiben es, auf *ewig* (vgl. 9,16). Auch wenn die Menschen die Fähigkeiten erworben haben, natürliche Prozesse zu beeinflussen und sie zu steuern bis hin zu ihrer Zerstörung, vertraut der Glaube doch dem Erhaltungswillen des Schöpfers. Darüber wachsen Einsicht in die Situation und der Wille, nachhaltig leben zu lernen, wie auch die Kraft, das Notwendige zum Erhalt der Grundlagen zu tun. *Bebauen und bewahren* (1. Mose 1,28) sollen wir, nicht aber ausrotten und zerstören. Dem Wissen, dass die Menschen verantwortlich sind für ihr Handeln, fügt der Glaube das Vertrauen hinzu, dass die Zukunft der Schöpfung nicht nur an ihrem Tun und Lassen hängt. Denn »die Erde ist des Herrn« (Ps 24,1). Damit ist das Entscheidende gesagt, wir vertrauen dem Schöpfer. Die Geschöpfe werden entlastet, bewahrt vor Überforderung und frei für den Auftrag – mit ihren Begabungen und Fähigkeiten mitzuwirken an der Schöpfung. Sie ist nicht abgeschlossen, geht auch nicht ihrem Ende entgegen, sondern dauert an und verändert sich stetig in einem dynamisch-komplexen Prozess. Zahlreiche Einflussfaktoren beeinflussen ihn, die bei weitem nicht alle bekannt sind; viele wird erst die Wissenschaft der Zukunft entdecken. Menschlichem Handeln sind Grenzen gesetzt, im Bösen wie im Guten; es leistet einen wichtigen Beitrag – aber nicht den einzigen. Also werden die Gläubigen im Einklang mit dem Schöpfungswillen das Notwendige und Mögliche tun, aber zugleich jeglicher Form von Ideologisierung widersprechen. Sie werden weder die Gefahren des »weiter so« leugnen, noch in Panik verfallen, sondern der Zusage des Schöpfers vertrauen. Und daran mitwirken, dass in bewährten demokratischen Verfahren mit rechtsstaatlichen Mitteln das Notwendige getan wird.

Sprache

Auch die Sprache ist zu einem Kampffeld geworden, auf dem das generische Maskulinum dahinsinken könnte; neuerdings will die Redaktion des Duden die Personen- und Berufsbezeichnungen geschlechtergerecht aktualisieren. Seit etwa 40 Jahren dringt die feministische Linguistik darauf, Frauen im Sprachgebrauch sicht- und hörbar zu machen und sie nicht länger nur »mitzumeinen«, also nicht nur die Schüler, sondern auch die Schülerinnen zu adressieren.[27] Das Anliegen wurde in den Kirchen bereitwillig aufgenommen, so gab sich das Ev. Jugendwerk an der Saar bereits in den frühen 1990erJahren einen Leitfaden zur geschlechtergerechten Sprache und die »Bibel in gerechter Sprache« redet seit 2006 von Pharisäerinnen und Pharisäern. Seitdem ist viel geschehen, Diskriminierungen wurden abgebaut und längst ist es selbstverständlich geworden, im Festgottesdienst die »lieben Konfirmandinnen und Konfirmanden« anzusprechen. Manche verwenden den Genderstern (Konfirmand*innen), andere das Binnen-I (KonfirmandInnen) oder gebrauchen den »Gender-Gap« (Konfirmand_innen; Konfirmand:innen), der auch als Glottislaut gesprochen werden kann.[28] Mit der allgemeinen Verbreitung allerdings werden auch Grenzen des Bemühens deutlich – die Sprache wird kompliziert, die Zahl der floskelhaft eingeflochtenen Wendungen steigt,[29] die Verständlichkeit leidet. Unübersehbar, dass der Sprachgebrauch inzwischen zu Spannungen führt, die eine moralische Grundierung aufweisen – sage mir wie du redest und ich sage dir, ob du auf der richtigen Seite stehst, nämlich der nicht-diskriminierenden. Gelingende Kommunikation hängt aber elementar an gemeinsamer Sprache; und darum kann es für den gesellschaftlichen Zusammenhalt problematisch werden, wenn der Sprachgebrauch und mit ihm die Schriftform einiger Bevölkerungsgruppen (vornehmlich der Höhergebildeten) sich rasch und unüberhörbar von der gesprochenen Alltagssprache entfernt. Darauf deutet inzwischen der Widerstand hin, der nicht selten sehr aggressiv vorgetragen wird. Auch ist ein Ende der Entwicklung nicht zu erkennen, denn weitere Fragen tauchen auf: Wie soll von Personen gesprochen werden, die »weder dem weiblichen noch dem männlichen Geschlecht zugeordnet«[30] sind? Und wie kann den Diversen die Zumutung erspart werden, sich »mitgemeint« fühlen zu müssen? Auch dafür gibt es Vorschläge, etwa nur mehr das Neutrum zu gebrauchen, »das Konfirmandy«; oder als Personalpronomen »ens« bzw. »sier«. Spätestens solche Verstiegenheiten übersehen oder leugnen, dass jedes Sprachgeschehen sich zunächst im Unbewussten ereignet und der Wandel sich deswegen unmerklich vollzieht. Die neueren Versuche der Sprachsteuerung wurzeln letztlich im Konstruktivismus, einer philosophischen Richtung des 20. Jahrhunderts, die davon ausgeht, dass soziale Wirklichkeit nicht aus sich selbst heraus existiert, sondern erst von den Menschen im Vorgang des Erkennens hergestellt (»konstruiert«) wird. In der Folge akzeptieren einige keine biologisch vorgegebenen Tatsachen im Geschlechterverhältnis; eine andere Spielart weist der Sprache eine zentrale Rolle in dem Bemühen um eine veränderte »Konstruktion« der Verhältnisse zu. Philosophisch ist diese Theorie höchst umstritten, sie wird gegenwärtig aber mit großem Aufwand vertreten und von den Medien aufgegriffen, da sie auf die aktuellen Fragen nach Gerechtigkeit im Geschlechterverhältnis eine plausible Antwort zu geben scheint. Was die Sprache angeht, spricht dennoch vieles dafür, dass das generische Maskulinum nicht die Ursache, sondern Abbild der gesellschaftlichen Verhältnisse ist – nicht die Grammatik, sondern die Wirklichkeit beeinflusst Bewusstsein wie Unbewusstes und spiegelt sich im Sprachgebrauch. Über sehr lange Zeiträume waren die Berufe und Positionen im öffentlichen Raum Männern vorbehalten, was sich stark verändert hat und weiter zum Besseren verändert.[31] Darüber verblassen die Gründe, sich »nur mitgemeint« fühlen zu müssen und zugleich mag das Interesse an der Schönheit der Sprache und ihrer verbindenden Funktion für das Gemeinwesen wieder zunehmen. Man könnte auch daran erinnern, dass es im 20. Jahrhundert mindestens zwei Versuche der Sprachbeeinflussung gegeben hat, aus denen einiges zu lernen ist. Das hat zuerst der Dresdner Literaturwissenschaftler Viktor Klemperer in seiner Studie zur Sprache des Nationalsozialismus gezeigt;[32] in der DDR dann haben die »jahrzehntelangen Sprachideologeme«[33] nicht wie beabsichtigt die gesellschaftlichen Realitäten verändert, sondern den Widerspruch zwischen Anspruch und Wirklichkeit des Zusammenlebens ins Groteske gesteigert. Wer die konstruktivistische Sicht auf die Sprache als fragwürdiges Theorem einordnet, wird deswegen nicht die bestehenden Diskriminierungen rechtfertigen oder die Existenz von nicht-eindeutigen Geschlechtsidentitäten leugnen, ideologisch begründeten Veränderungsvorschlägen aber nicht folgen. Sondern akzeptieren, dass Sprache nicht alle Aspekte des Wirklichen abbilden oder ihnen entsprechen kann, vielleicht von der Poesie abgesehen, die sich dem Unsagbaren zu nähern vermag. Aber gerade die Literaten beginnen, sich gegen die angestrebte Veränderung ihres geliebten Mediums zu wehren.

Für die Kirche Christi ist das Sprachgeschehen zentral angesichts ihres Auftrags, das Evangelium zu verkündigen, und für die evangelische Konfession gilt das umso mehr. Von Beginn an wusste sie »dem Volk aufs Maul zu schauen«, diese Blickrichtung hat die Sprache Luthers so sehr ausgezeichnet, dass sie prägend für den deutschsprachigen Raum wurde. Aber nicht sie war ursächlich für die Ausbreitung der Reformation, sondern die Wiederentdeckung des Evangeliums. Die Sprache seiner Bibelübersetzung unterstützte das theologische Anliegen Luthers und half den Menschen, es zu verstehen. Auch heute geht es der Kirche um die Vermittlung der biblischen Botschaft in die Zeit hinein, das kommt einem Übersetzungsauftrag gleich und erfordert aufmerksame Wahrnehmung der Lebenswirklichkeiten, nicht zuletzt des sprachlichen Wandels. Also sollten wir mit der Sprache verantwortungsbewusst umgehen, ihre Schönheit bewahren, sensibel-wohlwollend formulieren und sie auf gar keinen Fall als Instrument gegen andere richten. Wenden wir uns konkreten Personen zu, wird selbstverständlich die Konfirmandin nicht anders als der Konfirmand angesprochen. Auch ist es häufig möglich, geschlechtsneutrale Alternativen zum generischen Maskulinum (Arbeitskräfte, Lehrpersonal, Jugendliche) zu verwenden, ohne dass Sprachstil und -rhythmus, Grammatik und Rechtschreibung verletzt würden. Allerdings werden wir nicht die Botschaft der Sprache anpassen, sondern darauf achten, dass sie gelingende Kommunikation des Evangeliums ermöglicht. Das ist keine kleine Aufgabe, die Schwierigkeiten sind groß und manchmal wirken wir geradezu hilflos. Darin spiegelt sich ein Problem, das der religiösen Sprache in säkularer Zeit geradezu eingeschrieben, aber keineswegs unlösbar ist. So spricht die »Basisbibel«, deren Gesamtausgabe kürzlich erschien, fröhlich und gelassen von Gott und lässt hoffen, dass sie der Vermittlung des Evangeliums helfen wird. Kurze Sätze, schnörkellose Sprache, gute Verständlichkeit sind Vorzüge, die hilfreich und möglich sind.

Seenotrettung

Spaltungen in der Gesellschaft gab es bereits vor der Migrationskrise des Jahres 2015, sie wurden aber durch die Aufnahme von mehr als einer Million Menschen in einem kurzen Zeitraum erheblich verschärft. Auch in den Kirchen gingen damals die Meinungen weit auseinander, und es ist bisher nicht hinreichend gelungen, die Differenzen auszuräumen bzw. wechselseitiges Verständnis zu ermöglichen. Das hängt auch mit der kirchlichen Seenotrettung zusammen, die insofern beispielhaft für das Leitungshandeln unter polarisierten Bedingungen und konträren Auffassungen in der Kirche stehen mag. Der Impuls des Dortmunder Kirchentages,[34] die Evangelische Kirche solle ein Rettungsschiff ins Mittelmeer schicken, wurde vom Rat der EKD aufgegriffen. Seitdem prallen die Meinungen aufeinander – die einen sehen die Seenotrettung durch ein »kirchliches Rettungsschiff«[35] vor der libyschen Küste als einen Akt der Barmherzigkeit, über dessen Notwendigkeit es keinen Zweifel geben dürfe; die anderen verweisen darauf, dass es um eine andere ethische Dimension gehe, nämlich Gerechtigkeit, an deren

Maßstäben die staatliche Migrationspolitik ausgerichtet sein müsse.[36]

Sowohl Barmherzigkeit wie Gerechtigkeit sind Zentralbegriffe des christlichen Glaubens. Barmherzigkeit ist nach der Bibel stets und ausschließlich an dem Ergehen der Notleidenden, des bedürftigen Nächsten orientiert, sie fragt nicht nach Gründen, Regeln oder Folgen, sie lindert Not, rettet Ertrinkende vor dem Tod; Jesus preist die Barmherzigen selig. Gerechtigkeit durchzieht als Anspruch insbesondere die hebräische Bibel, das Alte Testament, und meint die Dimension der »Gemeinschaftstreue«; der Begriff beschreibt ein Wechselverhältnis, das umfassend verstanden wird und sowohl die Beziehung zu Gott einschließt wie auch zu der Gemeinschaft, der ein Mensch angehört. Er zielt auf sozialen Ausgleich, Versöhnung der Gegensätze und die Aufrechterhaltung der Gemeinschaft im Gottesvolk. Sprüche 14,34 bringt es auf den Punkt: »Gerechtigkeit erhöht ein Volk, aber die Sünde ist der Leute Verderben«.

Barmherzigkeit geschieht zwischen Menschen, die sich einander zuwenden und darüber zum Nächsten werden. Von dem demokratischen Rechtsstaat allerdings wird man Barmherzigkeit nicht erwarten können, sondern verlangen müssen, dass er in seiner Politik die Grund- und Menschenrechte gewährleistet und dem Maßstab der Gerechtigkeit folgt, der seine Gesetzgebung bestimmt und alle Betroffenen gleichermaßen bindet, sowohl die Bürgerinnen und Bürger wie ihn selbst. Staatliches Handeln ist eine Kategorie eigener Art und muss von personalem Geschehen unterschieden werden. Das bedeutet konkret in der Migrationsfrage, dass nicht nur die Not der Flüchtlinge zu berücksichtigen ist, sondern auch die Interessen ihrer Herkunftsländer und ebenso der Wohnbevölkerung in der aufnehmenden Gesellschaft. Denn für die Zurückbleibenden spielt die Abwanderung der Jungen und Starken eine (teilweise sehr bedeutsame) Rolle und ebenso ist die Integration der Eingewanderten eine (gelegentlich konfliktträchtige) Aufgabe, von der viele Bürgerinnen und Bürger in ihrem unmittelbaren Alltagsleben betroffen sind. Darum ist es gut begründet, dass die demokratischen Staaten die Umstände der Migration regeln, Menschen mit anzuerkennenden Fluchtgründen[37] aufnehmen und davon die illegale Einwanderung unterscheiden. Kompliziert wird es, wenn unter dem Zeichen der Barmherzigkeit die Staaten gedrängt oder gar gezwungen werden sollen, illegale Einwanderung hinzunehmen. Das aber ist mit der Seenotrettung vor der libyschen Küste in der Wahrnehmung vieler Menschen verbunden. Sie argumentieren, dass die Boote der Nichtregierungsorganisationen regelmäßig nicht den jeweils nächstgelegenen Hafen anlaufen, wie es um der Lebensrettung willen und nach dem Seerecht erforderlich ist, sondern einen der EU.[38] Zudem zeige die Erfahrung, dass auch die Mehrzahl derjenigen Flüchtlinge, denen kein Schutztitel zuerkannt wird, dauerhaft in den aufnehmenden Staaten verbleibt, und darum handele es sich um Migration, die gesteuert werden müsse.

Insofern liegt das Beschwerliche der aktuellen Situation in dem Umstand begründet, dass die Berufung auf Barmherzigkeit und Gerechtigkeit zu unterschiedlichen Folgerungen führen können. Für die Kirchen liegt darin ein Dilemma, weil beide Dimensionen nach dem biblischen Zeugnis bedeutsam sind. Es kann nur aufgelöst werden, indem eine Abwägung vorgenommen und öffentlich kommuniziert wird. Das aber ist in polarisierten Situationen sehr schwierig und in der Frage der Seenotrettung leider nicht gelungen; vielmehr wird die EKD eindeutig als Partei in einer politischen Auseinandersetzung wahrgenommen, was die einen begrüßen, die anderen ablehnen. Im Ergebnis wurden die ohnehin vorhandenen Risse in Kirche und Gesellschaft eher vertieft. Das ist kaum als kirchenleitende Aufgabe anzusehen, jedenfalls solange nicht aus Gründen des Glaubens die Frage des Bekennens gestellt werden muss; ob also um der Treue zum Evangelium willen nur eine Handlungsweise erlaubt sein kann. Davon aber kann in Bezug auf die Seenotrettung nicht die Rede sein.

Die Augsburger Konfession (Art. 4) verlangt nicht, dass in ethischen Fragen Übereinstimmung herrscht. Das ist zunächst einmal beruhigend, weil somit eine Basis für das Gespräch und die Suche nach Konsens gegeben ist – wir können und sollen in der Kirche beieinander bleiben, auch wenn in Bezug auf die Weltverantwortung die Meinungen auseinandergehen. In einer extrem polarisierten gesellschaftlichen Situation gilt das umso mehr und sollte eine Verständigung über das kirchliche Reden und Handeln in der Öffentlichkeit ermöglichen. Es will ja den Glauben erkennbar machen – wie die Bindung an Jesus Christus Denken und Handeln und auch die Sicht auf politische Konflikte in der Gesellschaft prägt. Das ist eine anspruchsvolle Aufgabe, insbesondere wenn es um die Abwägung von konkurrierenden moralischen Gütern geht. Aber gerade dann muss die Kirche kenntlich werden als eine besondere Instanz, die Verworrenes klären und Auseinanderstrebendes verbinden will. Ihr Beitrag sollte es sein, »in gesellschaftlichen Konflikten als Brückenbauer zu agieren«.[39] Keinesfalls darf sie den Eindruck entstehen lassen, die Kirche sei eine Nichtregierungsorganisation unter anderen. Dieses Missverständnis muss unbedingt vermieden werden, denn der Kirche geht es um die Verkündigung des Evangeliums, die Gottesbeziehung. Darin liegt ein kategorialer Unterschied zu anderen ehrenwerten Vereinigungen, die sich um die Verbesserung der Welt bemühen. Er darf nicht verwischt werden, schon gar nicht durch das eigene Handeln.

Selbstverständlich bedeutet das nicht, dass Barmherzigkeit weniger notwendig würde, wenn die Kirche abwägt, wie sie sich zu den Geboten der Gerechtigkeit verhält, im Gegenteil. Denn sie kann ja nicht anders, als für die Schwachen einzutreten. Dafür gibt es angesichts des Migrationsgeschehens der vergangenen Jahre mehr als genug Anlässe, nicht nur auf dem Meer. Ganz bestimmt im eigenen Land, in dem gottlob allerorten kirchliche Gruppen in der Flüchtlingshilfe ausdauernd tätig sind. Ihre Arbeit verstehen sie im Sinne Jesu als Werk der Barmherzigkeit. Für die Geflüchteten und ihre Integration, für das Land und für die Kirche selbst ist das ein Segen. Auch die Bekämpfung der Fluchtursachen ist eine Aufgabe, der sich die Kirchen seit langem widmen, »Brot für die Welt« arbeitet seit 60 Jahren daran.

THEOLOGIE

Die nachlassende Prägekraft des christlichen Glaubens macht sich in allen Funktionsbereichen der Gesellschaft und auch an den Universitäten bemerkbar. So bestreiten Angehörige anderer Fachbereiche gelegentlich die Wissenschaftlichkeit der Theologie; die Stellung der Theologien an den Universitäten ist aber rechtlich stark und hat in der Vergangenheit dazu geführt, dass Mittelkürzungen abgewehrt werden konnten, was nicht allen geisteswissenschaftlichen Fächern gelang. Dennoch entsteht Druck durch die Forderung nach Einwerbung von Drittmitteln oder zumeist unausgesprochene, gelegentlich unverblümt vorgetragene Infragestellung der Legitimität des Faches im akademischen Spektrum. Insofern ist es nicht verwunderlich, dass seit einiger Zeit die Theologie häufig von ihrer »Anschlussfähigkeit« spricht; wie also theologische Arbeitsweise und ihre Ergebnisse im interdisziplinären Gespräch fruchtbar gemacht werden können. Gelingende Dialoge und Kooperationen im wissenschaftlichen Kontext führen in der Regel zu Erkenntnisgewinnen bei allen Beteiligten und sind nur zu begrüßen; der gelegentlich inflationär anmutende Gebrauch des Begriffs könnte allerdings ein Ausdruck der Sorge sein und würde einiges aussagen über die Selbsteinschätzung der Theologie im Kontext der Wissenschaften. Befürchtet sie, an den Rand gedrängt oder von andernorts stattfindenden Entwicklungen ausgeschlossen zu werden? Von Selbstbewusstsein kündet der Begriff wohl nicht, eher von Relevanzverlust. Häufig geht es der Anschlussfähigkeit um Fragestellungen im konfliktträchtigen Bereich des Zusammenlebens, für den dann (gut begründet und zu Recht) die Sinnhaftigkeit oder Relevanz des christlichen Glaubens nachgewiesen werden soll. So wird seit einiger Zeit von der »Ethisierung« der Theologie gesprochen. Damit ist gemeint, dass ein Schwerpunkt der Arbeit bei der theologischen Ethik liegt, die noch am ehesten mit Aufmerksamkeit rechnen kann, während bibelwissenschaftliche Arbeiten und dogmatische Ansätze kaum auf öffentliches Interesse stoßen. T. Gundlach, Vizepräsident des Kirchenamtes der EKD bringt das auf den Punkt: »Die (gute) Tat steht besser da!«[40], das Wort von Gott dagegen durchlebe eine Plausibilitätskrise. Das ist wohl zutreffend beobachtet, aber sicherlich kein Grund zur Abkehr von reformatorischen Erkenntnissen – das Wort wirkt Glauben, dem die gute Tat folgt. Darauf wird die evangelische Sicht bestehen; und es könnte sein, dass jüngere gesellschaftliche Entwicklungen wie etwa die Moralisierung politischer Streitfragen solche Widerständigkeit sogar fordern. Zudem ist unverkennbar, dass in der öffentlichen Wahrnehmung die Bedeutung der theologischen Ethik zuletzt deutlich abgenommen hat. Noch vor einigen Jahren sagte mir ein französischer Kollege, dass es ihn immer wieder überrasche, wie sehr die Theologie in den öffentlichen Debatten Deutschlands zu den ethischen Fragen am Anfang und Ende des Lebens präsent sei; das Gespräch sei entweder von der Kant'schen Philosophie oder den Beiträgen der Kirchen bestimmt. In Frankreich führe die Laizität des Staates zu einer breiteren, unübersichtlichen Gesprächslage und der Einfluss der Religionen sei deutlich geringer. Diese Situation wurde aber durch die Gründung eines Nationalen Ethikrats[41] deutlich verändert. Denn zuletzt ist dem Gremium in der öffentlichen, vor allem medial vermittelten Wahrnehmung eine zentrale Stellung zugewachsen und seine Stellungnahmen werden in aller Regel von der Politik vorrangig behandelt. Es wurden über die Jahre hinweg immer wieder Vertreterinnen der Evangelischen wie Katholischen Theologie berufen, darunter auch kirchenleitende Personen, ein Theologe (P. Dabrock) hatte zeitweilig den Vorsitz inne – und doch ist mit der breiten Anerkennung des Gremiums verbunden, dass genuin christliche Positionen weniger deutlich zu Gehör gebracht werden können. Die Stellungnahmen des Ethikrats stehen für die Medien im Vordergrund, so zuletzt in der Frage der Impfpriorisierung in der Corona-Pandemie. Insofern zeichnet sich ab, dass der Bedeutungsverlust der Theologie in der Öffentlichkeit auch durch ihre »Ethisierung« nicht aufzuhalten ist. Denn heute werden die ethischen Fragen von sehr unterschiedlichen gesellschaftlichen Akteuren behandelt und religiös gebundene Perspektiven begegnen anderen Ansätzen. Hinzu kommt, dass es aus kirchlicher Perspektive nicht gut sein kann, wenn ein relativ kleiner Ausschnitt die Wahrnehmung des Fachs dominiert. Der Anspruch der wissenschaftlichen Theologie reicht weiter.

Öffentliche Theologie

Eine andere Frage wäre, ob das Verblassen von Glaubensüberzeugungen durch die theologische Konzentration auf Fragen der Lebensführung und Weltverantwortung befördert wurde. Sie scheint in der Kontroverse um die »Öffentliche Theologie« auf, die seit einiger Zeit geführt wird. Der Begriff meint das Wirken der Kirchen und ihrer Mitglieder in der Gesellschaft, das Bemühen um Vermittlung des christlichen Glaubens und der von ihm ausgehenden Wirkungen in das öffentliche Leben hinein. Damit verbinden sich zunächst die Beiträge einzelner Christenmenschen in all ihrer Vielfalt – die Auskunft über das Christsein in unternehmerischer Verantwortung, die Orientierung des Politikers an im Glauben gefestigten Überzeugungen, die Sicht von Ärztinnen und Pflegern auf den Patienten als Geschöpf Gottes, die sorgende Hingabe an erkrankte Mitmenschen im Geist der Nächstenliebe und vieles mehr. Die wenigen Andeutungen könnten nahezu unbegrenzt ergänzt werden und machen deutlich, dass es keine Grenze für die Beiträge der Christenmenschen zum gesellschaftlichen Leben gibt. Man wird sie kaum überschätzen können, weder qualitativ noch quantitativ. Deren Kommunikation in eine säkulare Öffentlichkeit hinein ist allerdings eine herausfordernde Aufgabe eigener Art; sie setzt ja voraus, dass die häufig sehr komplexen gesellschaftlichen Fragestellungen im Blick sind und fordert zugleich die Fähigkeit, das »Eigene« des Glaubens und seiner biblischen Grundlagen zu formulieren und zu vertreten. »Öffentliche Theologie« meint insofern auch und gerade die Beiträge von Kirchenleitungen und kirchenleitenden Personen zu Debatten, die medial vermittelt in der Breite des politischen Raumes geführt werden. Ein besonderes und gelungenes Beispiel war 1965 die sog. Ostdenkschrift der EKD, die einen Weg zur Verständigung eröffnete und maßgeblich zur Versöhnung mit den Ländern Osteuropas beigetragen hat. Man wird nicht erwarten können, dass die Stellungnahmen und Überlegungen aus EKD, Landeskirchen oder

Bischofskanzleien stets eine solche Wirkung erzielen; dennoch ist unübersehbar geworden, dass zuletzt Spannungen aufgetreten sind und das Konzept in eine Krise geraten ist. So hat Bundestagspräsident W. Schäuble, selbst evangelischer Christ, von einseitiger Politisierung gesprochen; die Kirche müsse »aufpassen, dass sie sich nicht nur im Mainstream der Political Correctness mit größter Betroffenheit engagiert«.[42] Manchmal entstehe »der Eindruck, es gehe in der evangelischen Kirche primär um Politik, als seien politische Überzeugungen ein festeres Band als der gemeinsame Glaube«. Das Wort des allseits geschätzten Politikers hat Gewicht, und viel Zustimmung erfuhr sein Hinweis, Religion müsse, »um politisch zu sein, erst einmal Religion sein«.[43] Das Monitum Schäubles wurde aufgegriffen, und einige Stimmen aus der Theologie beklagten mit ihm, es sei nicht selten öffentlich der Eindruck entstanden, dass es innerhalb der Kirche nur eine Meinung gäbe. Das aber ist nur in wenigen Ausnahmefällen der Fall und in der Theologie eher nochmals seltener. So wird das kirchliche Engagement für die Armen sicherlich nicht in Frage gestellt, da es aus der Bibel heraus sehr gut begründet ist; welche konkrete politische Maßnahme aber geeignet ist, ihre Situation zu verbessern, erzeugt auch in den Kirchen Dissens oder gar Streit. Ob – um ein Beispiel zu geben – das bedingungslose Grundeinkommen die Lage der Armen in Deutschland zum Besseren wenden würde, ist eine offene Frage. Beantwortete die Kirche sie, würde sicherlich gefragt werden, ob sie eine besondere Kompetenz dazu besitzt. Zudem bleibt stets offen, inwieweit eine Äußerung in politisch strittigen Fragen beanspruchen kann, für die Gemeinschaft der Gläubigen insgesamt zu sprechen, und ob sie in ihr mehrheitlich unterstützt wird. Das kann insbesondere in emotional aufgeladenen und hoch umstrittenen Fragen problematisch sein, wie sie gegenwärtig nahezu ständig diskutiert werden, etwa im Streit um die Seenotrettung. Schmerzhaft wird es, wenn sich der Eindruck festsetzt, dass die kirchliche Position regelmäßig parteipolitisch zugeordnet werden kann; und das meinte wohl W. Schäuble mit dem Hinweis auf die Nähe zum Mainstream. Nicht nur er beobachtet die »zunehmende politische Positionierung führender kirchenleitender Repräsentanten beispielsweise zur Wirtschafts- und Flüchtlingspolitik mit Ansichten, die tendenziell dem politisch linken Spektrum zugeordnet werden können«.[44] In den Kirchen finden sich aber Anhänger aller Parteien, die mit jeweils guten Gründen differierende Konzepte vertreten, und diesen Umstand darf keine Kirchenleitung in ihrem öffentlichen Handeln außer Acht lassen.

Öffentliche Theologie, wie sie prominent vom Ratsvorsitzenden der EKD, Landesbischof Bedford-Strohm vertreten wird, geht davon aus, dass die Kirche »von ihrem Auftrag her verpflichtet (ist), mit Leidenschaft und Sachkompetenz für eine bessere Welt einzutreten«.[45] Zudem seien der demokratische Staat und die plurale Gesellschaft auf die Beiträge der Kirchen angewiesen, da sie Orientierungshilfen bereitstellen, die ethisch wohlbegründet und zustimmungsfähig auch für Nichtchristen sind. Aus beiden Gründen ziele die theologische Arbeit auf das Gemeinwohl, dem sie dienen möchte. Dazu gehört es, das allgemein Nützlich-Hilfreiche und Zustimmungsfähige zu formulieren. So werde die Bedeutung des christlichen Glaubens für ein gelingendes Zusammenleben herausgestellt, was der Kirche nur helfen könne, gerade in einer Zeit, in der sie schwächer geworden ist und weniger Resonanz findet. Denn ohne Präsenz des Christentums in der säkularen Öffentlichkeit würde sich dieser Prozess weiter beschleunigen; nur in dem Erweis ihrer Relevanz bestehe Aussicht, ihn zu stoppen oder gar umzukehren.

Es ist ein ehrenwertes Konzept, das über lange Zeit kaum in Frage gestellt wurde; und tatsächlich wurde nicht nur mit der Ostdenkschrift Gutes bewirkt, auch die evangelische Friedensethik (»Gerechter Frieden« 2007), die Klärung des Verhältnisses von Christen und Juden (1975–2000) oder die Beiträge zu den ethischen Problemen am Anfang und Ende des Lebens (»Gott ist ein Freund des Lebens« 1989 und »Im Geist der Liebe mit dem Leben umgehen« 2002) dienten sowohl der Kirche als auch der Gesellschaft. In der gegenwärtigen Situation aber müssen einige Fragen neu gestellt werden. Zuletzt hat G. Wegner, der langjährige Leiter des Sozialwissenschaftlichen Instituts der EKD, gemeint, es habe sich in der Corona-Pandemie erwiesen, dass Religion und Kirche ihre gesellschaftliche Funktion nicht mehr erfüllen könnten, die Krise habe »den endgültigen Beweis des Übergangs der Kirchen in die Nutzlosigkeit« erbracht.[46] Das zeige sich im Fehlen öffentlicher Trauer angesichts des stillen Leidens der Todesopfer wie auch des Ausbleibens von tiefergehenden Deutungen des Geschehens; von den Kirchen sei nichts religiös Hilfreiches zu hören gewesen.[47] Lange habe die Kirche davon gezehrt, dass ihr Nutzen für das Zusammenleben allgemein anerkannt gewesen sei. Das sei anders geworden, die Gesellschaft funktioniere aus sich heraus, auch ohne das kirchliche Wirken. Und daraus folge, dass »es völlig falsch wäre, in dieser Situation Religion als nützlich anzubieten.« Das ist zugespitzt formuliert und man muss der Analyse nicht zustimmen, wird sie aber als Hinweis auf die Probleme der neueren Entwicklungen verstehen. Zumal das öffentliche Reden der Kirche zuletzt die polarisierten gesellschaftlichen Verhältnisse in die Gemeinden eingetragen hat, was vielerorts Irritationen und auch Streit auslöste. Inzwischen wird gefragt, ob denn tatsächlich zuerst die Öffentlichkeit der Adressat theologischer Reflexion sein kann?[48] Bevor die Welt angesprochen werde, müsse doch zuvor die christliche Gemeinde für sich klären, was aus dem Evangelium folgt und von seinem Zuspruch zu erhoffen ist, wie sie seinem Anspruch folgen kann. Denn die religiöse Rede im allgemeinen und ganz besonders die Vergewisserung über das Leben in der Nachfolge Jesu Christi erschließt sich letzten Endes nur im Glauben und im Gespräch der Gläubigen untereinander. Also sollten in erster Linie die Gemeinden und das geistliche Leben der Christenmenschen das Blickfeld der Theologie bestimmen – und das gelte gerade und erst recht unter den Bedingungen einer säkular-gottlosen Gesellschaft.

Damit sind die Positionen geklärt. Die eine: Der Kirche muss es zuerst um die Welt gehen, das Wohl der Menschen. Sie ist ja nicht um ihrer selbst willen da, ihr Auftrag kann doch nicht die Pflege eines religiösen Lebens sein, in dem sie sich bequem einrichtet! Die andere: Die Kirche verkündet den barmherzigen Gott, ihr Handeln zielt darauf, dass Menschen Christus vertrauen. Ihre Sache ist die Verkündigung des Gottesworts, das

Glauben weckt – der sich dem Nächsten zuwenden und die Welt verändern wird.

Beide Auffassungen haben ihr Recht, und sie müssen sich nicht ausschließen. Ganz bestimmt muss Theologie öffentlich sein, sie gehört nicht hinter Mauern, die gegen die Zumutungen der Welt abschirmen. Wie ja jeder Gottesdienst der christlichen Gemeinde im Alltag des Lebens gefeiert wird und darum öffentlich ist; alle sind eingeladen und willkommen. Gerade weil sie öffentlich ist, muss Gegenstand der Theologie die biblische Botschaft sein, das Nachdenken über Gott in all seinen Dimensionen, darunter dessen Bedeutung für die Gesellschaft und das Zusammenleben. Aber wie alle kirchlichen Lebensäußerungen geht der Auftrag der Theologie nicht in Nützlichkeitserwägungen auf, nicht einmal im Nutzen für das Gemeinwohl, sondern ist auf die Person und ihre Gottesbeziehung gerichtet. Was ihr das Vertrauen auf den Auferstandenen geben kann in Leben und Sterben, Schuld und Versöhnung, Erfüllung und Leiden.[49] Der unlängst verstorbene sächsische Landesbischof Johannes Hempel hat im Zusammenhang des kirchlichen Handelns im DDR-Staat prägnant von dem »ehrenvollen zweiten Platz« der Sozialethik in der Theologie gesprochen, der erste komme der Wortverkündigung zu.[50] Beide Dimensionen gehören »zum Eigentlichen« der Kirche, die erkennbar wird in Gottesdienst und Gemeinschaft, Zeugnis und Dienst.

Zwei Reiche

Wie der kirchliche Verkündigungsauftrag mit der Verantwortung für das Weltgeschehen zusammengehen kann, ist Gegenstand der lutherischen Zwei-Reiche-Lehre. Sie wird heute allerdings kaum mehr herangezogen,[51] und die Gründe liegen auf der Hand – als die Kirche dem nationalsozialistischen Staat hätte entgegentreten müssen, hat sie zu einer theologisch unzulässigen Nähe verleitet, bis hin zu Kumpanei und weit Schlimmerem. Solches Unheil ist gegenwärtig nicht zu befürchten; und insofern mag es sich lohnen, den Blick auf ihre Eigentümlichkeit zu richten. Sie beschäftigt sich mit der Grundspannung des christlichen Lebens, die sich aufbaut zwischen weltlicher Logik und froher Botschaft, Staat und Kirche, Leistungsgesellschaft und Gnade. Schon Jesus sprach von ihr, als er das kommende Gottesreich verkündigte und doch forderte: »Gebt dem Kaiser, was des Kaisers ist und Gott, was Gottes ist.« (Mk 12,17 par) Das Gottesreich ist eine Dimension des Glaubens, es will von der Sphäre der Weltverantwortung (dem »Reich der Welt«) unterschieden sein. Beide stehen in einer Beziehung zueinander: Gott wirkt umfassend in die Welt hinein – sowohl durch das Evangelium, das Glauben weckt, als auch durch die gerechte Ordnung, deren Gesetze dem Bösen wehren und dem Zusammenleben dienen sollen. Die Welt braucht beides, Evangelium und Gesetz – der Glaube wird das eine nicht vom anderen trennen, als hätten sie nichts miteinander zu schaffen, sondern sie in Beziehung setzen. Weshalb Jesus die Mitleidig-Barmherzigen seligpreist, die nicht nach Gründen, Regeln oder Folgen fragen – und sie doch auffordern kann, dem Kaiser das (von weltlicher Logik bestimmte) Seine zu geben. Aktuelles Beispiel: Auch die Barmherzigen können den Staaten das Recht zubilligen, Migration zu steuern.

Der Glaube unterwirft die weltliche Machtausübung nicht den Kriterien des geistlichen Lebens. Das bedeutet aber nicht, dass die Mächtigen tun und lassen können, was sie wollen. Vielmehr unterliegt auch staatliches Handeln dem Anspruch Gottes an die Menschen, die Gebote der Gerechtigkeit sollen ihr Zusammenleben bestimmen. Die Barmer Theologische Erklärung von 1934 sagt in These 5, dass der Staat die Geltung des Rechts gewährleisten und den Frieden sichern muss; dafür gelten die menschlichen Maßstäbe, zumal die Vernunft. Die Kirche »erinnert an Gottes Reich ... vertraut und gehorcht der Kraft des Wortes, durch das Gott alle Dinge trägt.« Zu welcher Zeit auch immer, Reich Gottes und Reich der Welt bleiben eigene Wirklichkeiten. Und sie sind aufeinander bezogen, durchdringen die je andere, prägen das Christenleben. Also werden die Christenmenschen geistlich leben, die Nähe Gottes suchen, zu ihm beten und dem Nächsten dienen – »ihm helfen und beistehen in allen Nöten«.[52] Die Sicht des Glaubens in die Politik einbringen und sich aus dem Streit um das Gemeinwohl nicht heraushalten; weltflüchtig zu werden ist ihnen nicht gestattet. Die beiden Reiche stellen das Christenleben in eine bleibende Spannung, mit der umzugehen niemals einfach war und ist. Gelingen kann es aber doch, weil das Evangelium die Gewissen schärft und die Gläubigen vor Gott und in der Welt orientiert: »Herz und Mund und Tat und Leben muss von Christo Zeugnis geben.« Das könnte man für eine Überforderung halten – ist es aber nicht. Ganz im Gegenteil handelt es sich um eine Frucht des Glaubens; die Kantate

J.S. Bachs (BWV 147)[53] feiert die Nachfolge Christi geradezu. Sie ist gesegnet, wenn sie auch in Spannungen gelebt wird; am Ende sind sie aufgehoben in dem Wissen, dass man Gott mehr gehorchen muss als den Menschen. (Apg 5,29) Zu dem Choral »Jesus bleibet meine Freude« schreibt der niederländische Schriftsteller Maarten 't Hart, dafür liebe er Bach »mit ganzem Herzen, ganzer Seele, ganzem Verstand und all meiner Kraft«.[54] Bach hätte die Anspielung auf Markus 12,30 vermutlich zurückgewiesen und Jesus beim Wort genommen, das der Gottesliebe gilt und ihr im selben Atemzug die Nächstenliebe gleichsetzt.

Glaubenskrise

Angesichts von weitverbreiteter Unkenntnis und notorischem Desinteresse wird von einer »Glaubenskrise« gesprochen, die letztlich die gegenwärtigen Abbrüche und Verlusterfahrungen im kirchlichen Leben auslöse. Krisenerfahrungen sind an das Mensch-Sein gebunden und insofern dürften die Schwierigkeiten gemeint sein, die Inhalte des biblischen Glaubens zu vermitteln bzw. sich anzueignen. Die allerdings sind groß und durchaus krisenhaft. Man könnte meinen, das liege an der Botschaft selbst, ihrer Komplexität, ihren Denkmustern oder Inhalten, sie habe sich nach 2000 Jahren überlebt, sei belanglos geworden in den Lebenswirklichkeiten der Moderne. Dagegen spricht die Beobachtung, dass in einer globalen Betrachtung der christliche Glaube »boomt«, in anderen Weltgegenden wachsende Zustimmung findet und ungezählte Zeitgenossen die überzeitliche Wahrheit der Offenbarung in Christus entdecken und annehmen. Die Krise dürfte eher die Folge spätmoderner Entwicklungen insbesondere in den Ländern des »Westens« sein. Dort bevorzugen die Menschen andere Weltsichten und Orientierungen, wenden sich diesen zu und vom Glauben ab. Fragen von existentieller Bedeutung spielen weithin keine Rolle in einer Gesellschaft, die Selbstoptimierung belohnt, routiniert an der Oberfläche der Beziehungen verharrt und keinen Grund für religiöse Suche erkennen mag. Aber es bleiben Menschheitsthemen, die nicht aus der Welt zu schaffen und dementsprechend in jedem Leben bedeutsam sind: der Umgang mit Schuld und Vergebung, die Ausweglosigkeit des Leidens und die Hoffnung auf ein erfüllt-sinnvolles Leben, der herannahende Tod und die Gestaltung des Sterbens. Wenn sie auch banalisiert werden oder zu Tabuthemen geworden sind, an die niemand rühren mag; nicht einmal angesichts des stillen und einsamen Sterbens in den Pflegeheimen im Corona-Winter 2020/21.

Bereits in der Frühphase der Pandemie war bekannt, dass Hochbetagte und unter ihnen die Bewohner von Pflegeheimen das höchste Risiko zu tragen hatten. Dennoch sind vor allem sie der Krankheit zum Opfer gefallen, nach einem Jahr waren unter den »an oder mit Corona Verstorbenen« etwa 40 Prozent Heimbewohner,[55] bei großen regionalen Unterschieden. Das wirft ein ungutes Licht auf die ergriffenen Maßnahmen; es ist trotz der kaum vertretbaren Zumutungen nicht gelungen, die Schwächsten zu schützen. Keine Besuche empfangen, sich nicht zu innerhäuslichen Aktivitäten zusammenfinden zu dürfen, mit niemandem von den Ängsten und Sorgen sprechen zu können, mit der Sehschwäche und der schwindenden Beweglichkeit und dem Versiegen der Sprache einsam allein mit sich zu bleiben – ein stilles Verkümmern und wohl auch verfrühtes Ableben vieler folgte daraus. Dabei hatten doch einige Beispiele gezeigt, dass es möglich war, den Alten nahe zu sein und doch das Virus von ihnen fern zu halten, etwa durch häufige Testungen. Aber dem wurde nicht nachgegangen, anderes schien vordringlicher. Geradezu unbegreiflich, dass auch lange nach ihrer Impfung die Heimbewohner weiter isoliert blieben. Es ist keine gute Bilanz, und gerade deswegen verdient der Einsatz der Pflegekräfte höchste Anerkennung, die unter schwierigsten Bedingungen für ihre Schutzbefohlenen getan haben, was ihnen nur möglich war, oft genug mit buchstäblich letztem Einsatz.

Corona hat ein kaltes Licht auf die Situation der Sterbenden in der säkularen Gesellschaft geworfen; unter den Bedingungen der Pandemie hat sie sich nochmals verschärft. Niemand möchte am Ende einsam sein, die Realität ist aber eine andere. Der Tod kommt zumeist im Alleinsein, kaum jemand stirbt im häuslichen Umfeld, längst wurde das Sterben ausgelagert an Krankenhäuser und Pflegeheime. Darüber zog Hilflosigkeit ein, ein allgemeines und umfassendes Schweigegebot bestimmt den Alltag des Sterbens, das letzte verbliebene Tabu.[56] Umso wichtiger, dass Pfarrerinnen die Alten besuchten und die Seelsorger in den Krankenhäusern und Pflegeheimen ihren Dienst taten. Wenn auch niemand wissen kann, wie und was Seelsorge gewirkt hat, so steht doch zu hoffen, dass Verlassene und Sterbende getröstet wurden. Darüber wird die Rolle der Kirche in den Krisensituationen des Lebens kenntlich; und es gibt keinen Grund, sie gering zu schätzen, im Gegenteil. In der Zeit einer behaupteten Glaubenskrise mag sie randständig erscheinen – und doch suchen Menschen nach Sinn und Trost, ist religiöse Orientierung nötig und hilfreich. Darum bleibt es Berufung der Kirche, den Schwachen zu dienen, den Sterbenden die Hoffnung auf den Auferstandenen zu bezeugen. Der Glaube bewahrt eine Kunst des Sterbens, die unter allen Umständen und zu jeder Zeit hilfreich ist. Sie lässt dem Tod nicht das letzte Wort, sondern spürt der Ewigkeit nach und hofft, die Auferstehung Christi teilen zu dürfen. Sie ist weitgehend vergessen, und darum wird es für die Kirche nochmals wichtiger, im weltlichen Geschehen geistlich zu sprechen, so dass die Zwänge des Vorläufigen relativiert werden und hinter ihnen die Fülle des Lebens aufscheint. Geistliche Rede bestreitet nicht die Bedeutung von Inzidenzzahlen oder die Notwendigkeit von Bewegungseinschränkungen, lässt aber das Virus erkennbar werden als eine »einzige Versuchung, ... Glaube, Liebe und Hoffnung nicht zu verlieren«.[57] Der Kirche ist aufgetragen, das Evangelium zu verkündigen in Wort und Tat, in Seelsorge und Predigt; vielerorts gelang es, der Versuchung zu widerstehen, gottlob.

Leider überdeckte die kirchliche Sprachnot manches Gelungene. So war zu Beginn der Pandemie gelegentlich zu hören, mit Gott habe die Krise »nichts zu tun«, denn der barmherzige Gott wolle das Leben, nicht aber den Tod. Das war erkennbar gegen die Vorstellung von einem strafenden Gott gerichtet, ist aber unterkomplex und wird weder der Bibel noch den Fragen der Zweifelnden gerecht. Sie richten sich auf die Natur, die alles Notwendige hervorbringt und das Leben ermöglicht – und es doch bedroht. Wie nicht nur das unerwartete Auftauchen gefährlicher Viren und deren Mutationen zeigt, sondern auch die vielen katastrophischen Ereignisse, die sich unentwegt ereignen – Erdrutsche, Dürre, Überschwemmungen, Stürme, Hungersnöte, Krankheiten zum Tode. Sie bringen namenloses Leid über Menschen, jähes Sterben; und nur einiges von all dem ist menschengemacht. Steht der Vater Jesu Christi dem Elend machtlos gegenüber, oder entsprechen etwa Gutes und Böses gleichermaßen dem Schöpfungswillen? Wie sieht der Glaube darauf? Muss er sich im Erleiden des Lebensfeindlichen zurücknehmen und Gott für »nicht zuständig« halten? Liegt ein Sinn darin? Sollte es etwa Bereiche des Lebens geben, in denen die Gläubigen nicht auf Gott vertrauen könnten? Oder ist auch das Leid mit dem Vater im Himmel verbunden? Ist es etwa die Begleiterin der Freiheit, zu der wir berufen sind, die aber gerade in heillosen Krisen bewährt sein will? Gemeinsam ist diesen Fragen, dass sie nichts mit der Verbesserung der Welt zu schaffen haben, wohl aber mit der Suche nach Sinn und Wahrheit. Sie finden kaum Aufmerksamkeit, dennoch behalten sie ihr Gewicht für das Menschenleben. Durch Nichtbeachtung erledigen sie sich nicht, sondern wollen im Gespräch mit der Bibel bedacht sein in der zuversichtlichen Erwartung, der Wahrheit zu begegnen, die uns frei macht (Johannes 8,32), nicht zuletzt von den zeitbedingten Sichtblockaden. Die Schrift kennt auch den dunklen Gott, der verborgen bleibt, und dem Hiob doch vertraut. Wie auch die Sänger der Klagepsalmen und mit ihnen Jesus am Kreuz. Wer auf ihn sieht, erkennt Gott als den, der mitleidet. Er ist nicht unnahbar oder unberührt von Not und Elend dieser Welt – er ist uns nahe. Unsere Schmerzen und unsere Verzweiflung sind ihm vertraut; wir vertrauen Christus und finden

Trost in der Not. Gerade die Unkenntnis und das Verblassen elementarer Glaubensinhalte verlangen danach, verschüttete Dimensionen der Erkenntnis freizulegen. Das ist Aufgabe von Bibelwissenschaft, Dogmatik, Homiletik und der Theologie insgesamt. Sie wird in der säkularen Situation der Gegenwart mit ihren allgegenwärtigen Polarisierungen mehr denn je gebraucht und nicht zuletzt angesichts der »Glaubenskrise«.

Das würde auch dazu beitragen, der theologiekritischen Grundstimmung in manchen Gemeinden zu begegnen, die sich um die Frömmigkeit der Pfarrerinnen und Pfarrer sorgt. Sie ist kein neues Phänomen und muss doch immer wieder aufs Neue mit theologischen Mitteln bearbeitet werden; keinesfalls sollte es die akademisch Lehrenden zu Missachtung oder gar Geringschätzung des kirchgemeindlichen Lebens als dem künftigen Arbeitsfeld der Studierenden veranlassen. Es verdient im Gegenteil ihre höchste Aufmerksamkeit, denn auch in der Zukunft werden die Gemeinden das Praxisfeld sein, in dem sich die theologische Ausbildung zuerst bewährt. In den ostdeutschen Landeskirchen sind noch die guten Erfahrungen aus der Zeit präsent, in denen sie die Ausbildung des theologischen Nachwuchses selbst verantworteten und dies unter Gewährleistung der wissenschaftlichen Standards in enger Verbindung mit der Basis des kirchlichen Lebens.

GEISTLICHES AMT

Die angehenden Pfarrerinnen und Pfarrer werden an den Theologischen Fakultäten der Universitäten ausgebildet; das ist eine altehrwürdige, segensreiche Tradition, denn die Verbindung von Glauben und Wissen ist für den christlichen Glauben konstitutiv. Schon Paulus war überzeugt, dass der Gebrauch der Vernunft um der biblischen Wahrheit willen nötig sei. Der Glaube ist ein festes Vertrauen, will persönlich angeeignet sein und auf diesem Weg ist ihm die Suche nach Verstehen, nach Einsicht geradezu eingeschrieben. In dieser Überzeugung schreibt der Apostel seine Briefe an die ersten Gemeinden. Ihm sind die Bejahung und die Entfaltung der Vernunft zu danken, von der die Lebenswelten der Kirche Jesu Christi die Zeiten hindurch geprägt sind. Schon gar nicht ist die Geschichte der reformatorischen Kirchen zu denken ohne das Pfarramt und die Ausbildung, die zu seiner Übernahme berechtigt. Die bestmögliche, also vollakademische Ausbildung ist dem anspruchsvollen beruflichen Auftrag nur angemessen. Gebraucht werden die Kenntnis der Texte und ihre verständige Aneignung wie das Wissen um das Bekenntnis und seine Geschichte. Das Interesse an den anderen Wissenschaften und den kulturellen Lebensäußerungen der Gegenwart gehört zu dem Anforderungsprofil wie auch eine Geisteshaltung des lebenslangen Lernens. Das Studium der Theologie vermittelt die Fähigkeit, aufbauend auf der biblischen Botschaft und den Bekenntnissen als dem »Eigenen« der geistigen Situation der Zeit folgen und die verwirrenden Phänomene des Lebens einordnen zu können. In den meisten reformatorischen Kirchen erinnert der Gelehrtentalar der Pfarrerinnen und Pfarrer an das anspruchsvolle Profil ihres Berufs. Heute ist angesichts von Sprachnot und in der Minderheitssituation der Kirche sicherlich die hermeneutische –»übersetzerische« – Kompetenz von besonderer Bedeutung für das geistliche Amt. Sie erst ermöglicht gestaltendes Handeln und die Fähigkeit, Glaubenswissen an die Gemeinden weiterzugeben und zugleich mit deren sehr unterschiedlichen Erwartungen und Anforderungen umzugehen. Dafür ist eine fundierte theologische Bildung unentbehrlich; und sie wird wohl nochmals hilfreich-notwendiger in belastenden, unübersichtlichen Situationen, wie der gegenwärtigen. Die Kirchen sollten jedenfalls keinen Zweifel lassen, dass sie an der universitären Ausbildung des Pfarramts festhalten, zumal die Freiheit der Lehre an den Universitäten auch für die Theologie gewährleistet ist.

Leider ist von einer Baustelle zu sprechen, die Veränderungsdruck entstehen lassen könnte. Die Ausbildungszahlen an einigen katholisch-theologischen Fakultäten sind so sehr gesunken, dass ihr Fortbestand nicht länger sinnvoll erscheint. Auch die Zahl der Studierenden an den evangelischen Fakultäten ist zurückgegangen; und wenn auch staatskirchenrechtlich ihre Stellung gesichert ist, so besitzen tatsächliche Gegebenheiten doch ihr eigenes Gewicht. In diesen Entwicklungen wird man eine Folge der allgemeinen Prozesse schwindender Kirchlichkeit und theologischen Relevanzverlustes erkennen. Hinzu kommt wohl, dass der Nachwuchs um die oft angespannte Situation in den Gemeinden weiß und weitere Belastungen auf den Pfarrdienst zukommen sieht. Gegenwärtig ist nicht gesichert, dass die Zahl der neu in den Dienst eintretenden Berufsanfänger ausreichen wird, um den Bedarf zu decken bzw. das Ausscheiden der geburtenstarken Jahrgänge zu ersetzen. Werbung für den Beruf ist notwendig; und zugleich ist es hilfreich, dass der ehrenamtliche Verkündigungsdienst in den letzten Jahren stetig ausgebaut werden konnte. Die Mitarbeit von Prädikanten wurde zu einem wichtigen Faktor mindestens im Leben der ostdeutschen Landeskirchen. Ihre theologische Ausbildung ist anspruchsvoll, vermittelt solide Qualifikationen und ungezählte Gemeinden haben damit gute Erfahrungen gemacht; so sind in der sächsischen Landeskirche aktuell 260 Prädikantinnen tätig. Es ist ein hoffnungsvolles Zeichen, dass dank ihrer Mitarbeit seit 1990 die Zahl der nach Artikel 14 CA zur freien Wortverkündigung »ordnungsgemäß Berufenen« nur wenig gesunken ist.[58] Übrigens ist die Nachfrage nach der Ausbildung trotz (oder wegen) des erheblichen Aufwands, den sie erfordert, unverändert hoch.

DIGITALISIERUNG

In der Corona-Pandemie haben digitale Kommunikationsformate an Bedeutung gewonnen und man kann durchaus von einem »kreativen Schub kirchlicher Aktivitäten«[59] sprechen, der vieles in Bewegung gebracht und bereits vorhandene Tendenzen und Ansätze beschleunigt hat. Viele Kirchgemeinden und Einrichtungen haben in der Zeit der Lockdowns experimentiert und erlebten, dass digitale gottesdienstliche Formate unter bestimmten Bedingungen gut angenommen wurden. Das gilt insbesondere, wenn sie mit hohem Qualitätsanspruch an Technik und gestalterische Konzeption entwickelt wurden. Das allerdings erfordert beträchtlichen Aufwand und so ergibt sich ein zwiespältiges Bild, denn nicht überall war die notwendige Kompetenz vorhanden bzw. der erforderliche Aufwand möglich; ein lediglich mit einer Standkamera aufgenommener Gottesdienst in einer leeren Kirche hinterlässt einen trüben Eindruck. In den Kirchen besteht weitgehende Übereinstimmung – die neuen Möglichkeiten können angesichts der stetigen Digitalisierung des Alltagslebens hilfreich sein und sollten nach Kräften genutzt werden; am Ende aber ist gelingende Kommunikation doch ein personales Geschehen, in dem Menschen sich körperlich begegnen und austauschen. Die Kirche wird sicherlich die »Versammlung der Gläubigen« in einem analogen Verständnis bleiben; wobei zu hoffen steht, dass digitale Formate ihr Leben ergänzen und punktuell stärken werden.

Bemerkenswert war in den Monaten des Lockdown insbesondere die Vielfalt der Beiträge in den sozialen Medien, die nicht von kirchlichen Institutionen und Werken kamen, sondern von »Ehrenamtlichen«, die sich aus freiem Entschluss einbrachten. Das traditionelle Verständnis vom Ehrenamt meint üblicherweise das Zusammenwirken mit den beruflich Beschäftigten (früher auch das Tätigwerden unter deren Anleitung, was sich glücklicherweise weitestgehend erledigt hat). Davon kann aber bei Youtubern, Bloggern und Influencern keine Rede sein. Es handelt sich um eine freie Tätigkeit, die nur und ausschließlich von der betreffenden Person verantwortet wird und sich am Erfolg misst – für den es ein klares Kriterium gibt, nämlich die Zustimmung durch die Follower. Ein Einfluss der Kirche ist dagegen nicht erforderlich, schon gar nicht braucht es die Akzeptanz einer Landeskirche, die von dem einen oder der anderen sogar als hinderlich angesehen werden würde.

Sollten sich digitale Verkündigungsformate durchsetzen, so wäre dies angesichts ihres offenkundigen Potentials eine erfreuliche Innovation, die dem Lauf des Evangeliums dienen kann. Es darf aber nicht übersehen werden, dass sie weitreichende Folgen nach sich ziehen könnte. Denn die Orientierung dieser Formate am Bekenntnis oder an theologischen Standards kann nicht vorausgesetzt werden. Vertraute Regeln wie etwa erforderliche Ausbildungsnachweise und Einstellungsvoraussetzungen, die Ordination oder ein arbeitsvertraglicher Rahmen für die Ausübung des Dienstes spielen kaum eine Rolle. Es handelt sich um »freie« Tätigkeiten in einem umfassenden Sinn, die sich zunächst dem Einfluss der Landeskirchen entziehen. Darüber könnten sich Formen der Kirchlichkeit entwickeln, die man bislang nur von anderen Kontinenten kennt – man denke nur an die evangelikalen Gruppen in Lateinamerika. Dort und in anderen Weltregionen wächst das Christentum sehr stark, zu den überwiegend pfingstlichen Gemeinschaften gibt es einen enormen Zulauf, der ungebrochen anhält. Das kann man als eine Frage an die Kirchen Europas verstehen;[60] unübersehbar ist aber auch, wie sich abseits des Institutionellen das Verständnis des Christlichen verändert, wie Glaubensinhalte umdefiniert werden und wie schwerwiegend die theologischen Probleme sind. Nicht zuletzt um die Bekenntnisgrundlagen der Konfession zu bewahren, sollten die Kirchenleitungen also geeignete Personen fördern, die sich in digitalen Kanälen bereits etabliert haben und sowohl an einer Verstetigung ihres Wirkens als auch an einer Anbindung an die Kirche interessiert sind. Ziel wäre es, die mediale Präsenz zu stärken, was massive Investitionen erfordern würde, wobei es keinerlei Garantien für das Gelingen geben kann. Das Risiko sollte man eingehen – das Wissen um die Mediennutzung der nachwachsenden Generationen, der »digital natives« ist längst vorhanden und verlangt geradezu zwingend ein entsprechendes kirchliches Engagement. Nicht zuletzt, weil die 20- bis 40-Jährigen am häufigsten aus der Kirche austreten. Im Gemeinschaftswerk der Evangelischen Publizistik gibt es bereits vielversprechende Ansätze, so etwa yeet, ein Netzwerk, das die Aktivitäten evangelischer »Sinnfluencer« bündelt, die ihren Glauben über die Sozialen Medien einer jugendlichen Zielgruppe kommunizieren.

Die aktuelle Situation macht Veränderungen in der kirchlichen Öffentlichkeitsarbeit zunehmend dringlicher. Sie ist seit je ausgerichtet auf die Printmedien bzw. Rundfunk und Fernsehen. Die allerdings sind durchweg von der Digitalisierung stark betroffen oder sogar gefährdet; die permanenten Auflagenverluste der Zeitungen sprechen eine ebenso deutliche Sprache wie auch die Altersstruktur der Nutzer öffentlich-rechtlicher Sender. ARD und ZDF werden vor allem von den über 60-Jährigen gesehen, die Tageszeitungen verlieren seit langem jährlich etwa 5 Prozent ihrer Druckauflage und vermögen es kaum, den Rückgang durch eigene digitale (nicht-lineare) Angebote zu kompensieren. Zugleich bauen die Internetformate ihre Reichweite ständig aus. Darüber haben die traditionellen Medien für einen nicht kleinen und wachsenden Teil der Bevölkerung ihre Funktion, den Zugang zu Informationen zu ermöglichen, verloren und sind irrelevant geworden. Diese Entwicklungen sind durchaus existenzbedrohend, und insofern beeinflusst das Ringen um Auflage bzw. Reichweite inzwischen die redaktionellen Prozesse. Man verfolgt sehr genau, welche Beiträge (auch der Konkurrenz) Interesse finden, gelesen (angeklickt) werden bzw. welche Sendungen die Quote stützen oder abstürzen lassen. Schließlich entscheidet sich der Bestand des Mediums an der Resonanz des Publikums und da die Themen des Internets schnell wechseln, entsteht gelegentlich der Eindruck eines »Herdentriebs«; keine Redaktion möchte einen Trend oder eine sensationelle Neuigkeit verpassen, jeder »Aufreger« wird flächendeckend von allen nahezu zeitgleich aufgegriffen, Formulierungen zugespitzt. Während in den »alten« Medien eine gewisse Hektik eigezogen ist, entstehen im Internet abgeschottete Räume, in denen sich Gleichgesinnte bestärken – was die Akzeptanz der traditionellen Medien weiter schwächt und sie in den Ruch der »Lügenpresse« bringt, »Fake-News« zu verbreiten. Populistische Parteien nutzen nicht ohne Geschick die zunehmend digital und ungeregelt stattfindende Informationsvermittlung für sich. Die daraus resultierenden Folgen für den Zusammenhalt in der Gesellschaft und die demokratischen Prozesse sind offenkundig und geben Anlass zu Besorgnis.

Selbstredend wirkt sich all das auf die kirchliche Präsenz in der medialen Öffentlichkeit aus. Für manche Themen gibt es buchstäblich nicht mehr die Bereitschaft, sie aufzugreifen, sie erscheinen zu abseitig, interessant nur mehr für einen zu kleinen Teil des Publikums und damit schädlich für Auflage oder Quote. Das gilt vor allem für Glaubensfragen und die mit ihnen verbundenen Orientierungen. Um ein Beispiel zu geben – vor einigen Jahren noch war das mediale Interesse an der Aktion »7 Wochen Ohne« groß, inzwischen hat sich aber ein profanes Gebräu aus Wellness und Diät darübergelegt und der Bezug auf die Passionszeit spielt keine Rolle mehr. Unverkennbar haben sich angesichts der digitalen Veränderungen und ihres Bedeutungsverlustes die Bedingungen für das mediale Handeln der Kirchen verschlechtert. Damit umzugehen, ist eine durchaus anspruchsvolle Aufgabe, die einige Kompetenz erfordert. Das Umfeld und der Zeitpunkt kirchlicher Beiträge werden wichtiger, denn angesichts der polarisierten gesellschaftlichen Situation und der medialen Neigung, Gegensätze zu konstruieren und Erregungszyklen zu produzieren, gibt es nicht immer Aussicht, gehört zu werden. Kommunikation in Glaubensfragen ist zudem von vornherein auf Annäherungen angewiesen und kann von Sprachnot bestimmt sein. Das alles ist schon im persönlichen Rahmen nicht leicht und wird in der medialen Vermittlung zu einem Abenteuer, das ohne fachlichen Beistand schnell scheitern kann. »Wartende Theologie«[61] sucht geeignete Situationen und Orte, sagt nicht zu allem und unter allen Umständen irgendetwas, sondern wird um die Frage kreisen, wer Jesus Christus heute für uns ist.

Die mediale Entwicklung beeinflusst auch die evangelische Publizistik, insbesondere die Kirchengebietspresse, und hat sie in eine krisenhafte Situation gebracht.[62] Die Abbrüche sind massiv, Auflagen gehen kontinuierlich zurück, einige Publikationen wurden bereits eingestellt, Buchhandlungen mit christlichem Profil mussten aufgeben. Auch das Beispiel »Chrismon« ist aufschlussreich: Zwar ist die Auflage zuletzt gestiegen, dennoch bleibt das Magazin nicht zuletzt wegen der relativ eng gefassten Zielgruppe auf kirchliche Zuschüsse in beträchtlicher Höhe angewiesen. Die Möglichkeiten und Grenzen des Formats sind nach 20 Jahren offensichtlich, und weitere Publikationen mit bundesweiter Reichweite dürften nicht in Betracht kommen. Vielmehr steht eine publizistische Neuausrichtung an, die kaum von einzelnen Landeskirchen für sich geleistet werden kann. Die vorhandenen kirchlichen Medienkapazitäten müssen gebündelt und ihre Funktionen digital zugänglich gemacht werden, um sie dann in einer möglichst breiten Öffentlichkeit positionieren zu können. Darüber darf allerdings nicht übersehen werden, dass kirchliches Leben stets lokal verankert ist und es nicht selten schon in zusammenhängenden Regionen sehr unterschiedliche Verhältnisse gibt. So ist die Aufgabe, die Aktivitäten zu bündeln und dennoch den lokalen Bezug zu bewahren, eine komplexe und schwierige Herausforderung, für die wohl nicht mehr viel Zeit bleibt. Wie das gehen kann, zeigen das »Redaktionsnetzwerk Deutschland« oder die »Funke Mediengruppe« – die »Ostsee-Zeitung« und die »Dresdner Neuesten Nachrichten« unterscheiden sich nur in den regionalen und lokalen Inhalten.

PAROCHIEN

Das kontinuierliche Abschmelzen der Mitgliedschaft stellt zuallererst die Kirchgemeinden vor große Probleme und dies gilt in besonderem Maß für die entleerten ländlichen Räume. Während die Ressourcen abnehmen, bleiben bestimmte Aufgaben – der Unterhalt der Gebäude und Friedhöfe, die Gestaltung des geistlichen Lebens und der gemeindlichen Aktivitäten, nicht zuletzt die Finanzierung all dessen. Schmerzlich reiben sich die Erwartungen der verbliebenen Mitglieder mit den Möglichkeiten der Mitarbeitenden. Längst fanden Konzentrationsprozesse statt, Kirchgemeinden vereinigen sich, bilden Kirchspiele oder Gemeindeverbünde und entdecken darüber neue Möglichkeiten. Und doch stehen die oftmals erstaunlich erfolgreichen Unternehmungen für viele unter dem Eindruck des »nicht mehr« bzw. »noch« – was wir einmal konnten, ist unmöglich geworden; wie lange wir noch können werden, was wir jetzt tun, erscheint ungewiss. Der Blick in die Vergangenheit zeugt von Verlusterfahrungen, die Zukunft wird mit Bangigkeit betrachtet. Das sind keine guten Voraussetzungen, die vielen Herausforderungen sehr unterschiedlicher Art anzugehen. Ausweichen kann man ihnen nicht, und darum mögen einige Klärungen hilfreich sein.

Zunächst – auch in der Zukunft werden die Kirchgemeinden die Ebene sein, auf der sich das Leben der Kirche zuerst entfaltet, es ist an Personen und Orte gebunden. Zudem gehören die Familien den Gemeinden an.

Wenn es überhaupt eine erfolgversprechende missionarische »Strategie« für das kirchliche Handeln in den kommenden Jahren gibt, so ist es die Konzentration auf die Familien. Höchste Priorität sollten darum die religionspädagogische Arbeit in den evangelischen Kindergärten, Kitas und Schulen, Religions- und Konfirmationsunterricht wie auch Gemeindegruppen für Eltern, gottesdienstliche Angebote und die Jugendarbeit bekommen. Denn nicht zuletzt aus den Mitgliedschaftsuntersuchungen der EKD[63] ist seit langem bekannt, dass und wie gelungene religiöse Sozialisationserfahrungen zu einer Bindung an den Glauben und die Kirche führen können. Sie finden in den Familien statt, die in jeder Kirchgemeinde leben, auf dem Land wie in der Stadt und oft genug darauf warten, angesprochen zu werden.

Dennoch wird der Prozess des Schrumpfens (nicht nur, aber besonders in den ländlichen Regionen) das Leben und Arbeiten aller begleiten, die ihrer Kirche treu sein und ihr dienen wollen, an welcher Stelle und mit welchen Beiträgen auch immer. Was die Dörfer angeht, mag es sein, dass sie von ihrem Anschluss an die Breitbandkabel profitieren und Menschen zuziehen bzw. nicht abwandern, der jahrzehntelange Trend gestoppt wird – die Digitalisierung macht ja in einem gewissen Sinn ortsunabhängig. Bis dahin aber dürfte sich der seit langem kontinuierlich verfolgte Stellenabbau fortsetzen. Längst sind die Mitarbeitenden im Pfarrdienst, der Kirchenmusik und Gemeindepädagogik an mehrere Kirchgemeinden oder deren Verbünde mit zahlreichen Gottesdienststätten gewiesen. Diese Entwicklung war hoch umstritten und wird von den Kirchgemeinden in aller Regel als Zumutung erlebt, häufig wehren sich die

Betroffenen gegen die entsprechenden Entscheidungen. Alternative Konzepte werden vorgeschlagen und in den Synoden diskutiert, dennoch bleibt es in der Regel dabei, dass der Radius um die Mitarbeiterinnen und Mitarbeiter stetig größer gezogen wird.[64] Dabei folgen die Kirchenleitungen der Einsicht, dass die Kirche sich aus theologischen Gründen nicht aus der Fläche zurückziehen kann und darf. Auch die wenigen im Dorf lebenden Kirchenmitglieder – oder das letzte verbliebene – gehören ja einer geistlich bestimmten Gemeinschaft an und dürfen erwarten, dass ihnen ein Pfarrer in der Seelsorge, mit Wort und Sakrament zur Seite steht, Trauungen und Beerdigungen hält, dass die Kinder im Glauben unterwiesen und konfirmiert werden, dass im Gottesdienst gesungen und musiziert wird. Insofern kann keine Kirchenleitung »weiße Flecken« entstehen lassen; wo Christenmenschen leben, ist die Gemeinschaft der Kirche präsent.[65] Diesem Grundsatz wird man aus theologischen Gründen auch zukünftig folgen müssen und insofern kann es eine Abkehr von der parochialen Struktur der Kirche nicht geben.[66] Sehr wohl wird es für die Gemeinden sinnvoll sein, Profile zu bilden – die Menschen sind mobil und es muss nicht überall ein und dasselbe »Standardprogramm« geben; auch nicht am Sonntag. Wie die Corona-Pandemie gezeigt hat, können digitale Formate durchaus neue Gemeinschaftsformen stärken und kreatives Engagement ermöglichen; insofern wird sich das Bild der Gemeinden ausdifferenzieren. Sie werden nach wie vor die »mit Abstand wichtigsten Kontaktschienen zur Kirche«[67] bleiben, und das muss sich auch in den Entscheidungen der Kirchenleitungen zum Personaleinsatz widerspiegeln. In den letzten Jahrzehnten wurden zahlreiche Stellen für nicht- bzw. übergemeindliche Aufgaben eingerichtet; angesichts des Mangels an menschlichen wie finanziellen Ressourcen wird diese Strategie sicherlich zu überprüfen sein.

Eine andere Frage ist, wie die Bedingungen für die Gemeinden und ihre Mitarbeitenden gestaltet werden. Sie müssen so beschaffen sein, das strukturbedingte permanente Überforderungen möglichst vermieden werden. Darum werden bei weitem nicht in allen Gotteshäusern regelmäßig Gottesdienste gefeiert werden, diese Situation ist bereits heute in ausgedehnten Regionen eingetreten. Insbesondere im Osten können nicht alle Dorfkirchen genutzt werden, obwohl fast alle in den vergangenen drei Jahrzehnten durchweg ästhetisch anspruchsvoll und baulich solide saniert wurden. Oft gab und gibt es auch in der nichtchristlichen Mehrheit ganz erstaunliches Engagement für ihren Erhalt; wenn es auch zumeist auf die Bedeutung für das Dorfbild gerichtet ist – »unser Dorf soll schöner werden« ist eher gemeint als der Ort der Verkündigung. Immerhin sind gegenwärtig die Kirchgebäude in einem so guten Zustand wie wohl kaum je zuvor. Dieser Umstand entlastet die Kirchgemeinden und erlaubt es ihnen, die Gewinnung und den gabenorientierten Einsatz von Ehrenamtlichen in das Zentrum ihres Bemühens zu stellen. Auf diesem Weg sind sie in den vergangenen Jahren bereits ein gutes Stück vorangekommen, die Zahl der Ehrenamtlichen ist stetig angestiegen. Die Gemeinden akzeptieren gern und dankbar den Dienst von Prädikantinnen, Vergleichbares gilt für die Kirchenmusik; und in der gemeindepädagogischen Ausbildung genießt die Förderung des Ehrenamts seit je hohe Priorität. Generell wird es für die beruflich Mitarbeitenden wichtiger, Ehrenamtlichen Freiräume für ihr Engagement zu schaffen und motivierende Wertschätzung ihrer Arbeit zu vermitteln. Darüber können die Bedingungen entstehen, die es ihnen selbst ermöglichen, das eigene Arbeitsfeld entsprechend ihren Möglichkeiten und der familiären Situation zu gestalten.

VERWALTUNG

Das setzt allerdings voraus, dass die Gremien- und Verwaltungsarbeit keinen übermäßig großen Anteil des Zeitbudgets der (beruflich wie ehrenamtlich) Mitarbeitenden in Anspruch nimmt oder gar das Maß des Erträglichen überschreitet. Über kaum einen Umstand klagen die Pfarrerinnen so laut und andauernd wie über die ausufernde Belastung durch Verwaltungstätigkeiten. Das ist nicht nur eine subjektive Wahrnehmung, vielmehr handelt es sich um ein in der Breite der Gesellschaft zu beobachtendes Phänomen. Allgemein ist es aufwendiger geworden, zu Entscheidungen zu kommen oder auch nur die alltäglichen Aufgaben zu erledigen. Denn die Anforderungen sind generell gestiegen[68] und erzeugen zunehmende Komplexität, von dieser Entwicklung ist die Kirche nicht ausgenommen. Für sie wirkt sich erschwerend aus, dass durch den Personalabbau der zurückliegenden Dekaden die Aufgabenfülle der Beschäftigten eindeutig zugenommen hat. Gehört ein Pfarrer nicht nur einem, sondern mehreren Kirchenvorständen an, so ist nicht nur die Gremienarbeit für ihn entsprechend zeitaufwendiger, sondern auch die Vorbereitung und Erledigung der Beschlüsse. Ebenso bleibt in den Verbünden zunächst die Zahl der Gebäude unverändert, die verwaltet werden müssen bzw. deren Unterhalt gewährleistet sein will. Für die Kirchenmusik und die Jugendarbeit gilt Vergleichbares; die Verantwortung für lediglich eine Orgel und einen Chor ist für die Kantorinnen längst nicht mehr als eine Erinnerung an vergangene Zeiten. Insofern droht eine Entwicklung, in der die beruflichen Aufgaben zu stark von dem Gewicht der zu erledigenden Verwaltungsaufgaben bestimmt sind. Wenn die Kirchen ihren Mitarbeitenden im Verkündigungsdienst die Konzentration auf ihre geistlichen Aufgaben erleichtern wollen, so ist Entlastung von Verwaltungsaufgaben zwingend erforderlich.[69] Bislang bleibt in den Kirchen das erreichte Niveau der Digitalisierung hinter dem allgemein Üblichen teilweise deutlich zurück und kann kaum als zureichend angesehen werden; dementsprechend können und sollten moderne Möglichkeiten einer effizienteren Verwaltung umgesetzt werden. Dabei müssen nicht nur die Strukturen überprüft werden, die in den Landeskirchen sehr unterschiedlich geordnet sind, so dass sich pauschalisierende Aussagen verbieten.[70] Vielmehr sollten im Vordergrund der Reformen die Prozesse stehen mit dem Ziel, den Aufwand für die einzelnen Vorgänge zu reduzieren, sie zu professionalisieren bzw. wo möglich für das Ehrenamt zugänglich zu machen. Das ist keine kleine Aufgabe, da es sich häufig um seit langem praktizierte und dementsprechend eingespielte Abläufe handelt, die kaum je kritisch überprüft wurden. Dennoch müssen die Schwierigkeiten einer kirchlichen Verwaltungsreform hinter der Einsicht zurückstehen, dass sie für das auftragsgemäße und gabenorientierte Handeln der Mitarbeitenden im Verkündigungsdienst unerlässlich ist. Hilfreich wird sein, dass zurzeit die Finanzmittel für die erforderlichen Investitionen noch verfügbar sind.

GEBÄUDE, FRIEDHÖFE

In einer kleiner werdenden Kirche werden – es kann nicht anders sein – weniger Gebäude benötigt. Die Kirchgemeinden, in deren Besitz sich die allermeisten Immobilien befinden, sind oftmals ratlos, wie sie angemessen damit umgehen sollen. Immerhin wurde der hergebrachte Grundsatz, dass kirchliche Körperschaften sich grundsätzlich nicht von Immobilien trennen (dürfen), aufgegeben. Denn der Besitz soll ja dazu beitragen, dass die kirchlichen Aufgaben auskömmlich finanziert werden, keinesfalls dürfen sie ein belastender Faktor sein, der die Handlungsoptionen weiter einschränkt. Darum erfordert der Wandel zwingend die Klärung der Fragen, welche Gebäude für welche Nutzung und zu welchen Kosten im Besitz gehalten werden sollen; und von welchen man sich zu vorab definierten Konditionen trennen will. Das kann erhebliche und zeitaufwendige Anstrengungen erfordern – nicht zuletzt, weil im Konkreten die Meinungen in den Gremien auseinandergehen dürften. Erschwerend kommt hinzu, dass die Marktbedingungen in den Regionen äußerst unterschiedlich sind, so dass eine einheitliche Strategie für das Gebiet einer Landeskirche oder auch nur eines Kirchenbezirks in der Regel nicht in Frage kommen dürfte. Insofern besteht die Gefahr, dass die Kirchenvorstände mit den auf sie zukommenden Aufgaben zu sehr belastet oder gar überfordert werden. Immobilienmanagement erfordert generell Fachkompetenzen und das gilt insbesondere in einer Situation, in der die finanzielle Leistungsfähigkeit des Eigentümers abnimmt und zudem der Wert der Grundstücke starken Veränderungen ausgesetzt ist. Folglich sollten leistungsfähige Dienstleistungseinrichtungen gegründet werden, die Kirchgemeinden, Einrichtungen und Werke unterstützen, die Bewirtschaftung der Immobilien übernehmen und den Gremien nach fachlichen Standards begründete Vorschläge zur Verwertung vorlegen.

Ähnliches gilt für die kirchlichen Friedhöfe. Die Veränderungen in der Bestattungskultur sind umfassend und nichts deutet darauf hin, dass die Trends der letzten Jahrzehnte auslaufen würden. Im Gegenteil dürften Erdbestattungen wohl zu seltenen Ausnahmen und anonyme Grabstellen oder Friedwälder nochmals häufiger gewählt werden. Darin wird das Verblassen christlicher Vorstellungen erkennbar; der Gedanke an die Ewigkeit, in die Verstorbene heimgehen, spielt kaum mehr eine Rolle und längst bestimmen andere Überlegungen Gestalt und Form der Bestattung. Sie sind oftmals von einer geistigen Dürre bestimmt, die sprachlos macht. Das zeigt sich nicht zuletzt darin, dass zunehmend weder ein Pfarrer noch eine weltliche Rednerin mitwirken – angesichts des Todes gibt es nichts zu sagen. Die christliche Gemeinde widerspricht dem und wird daran festhalten, dass die Hochschätzung des Lebens mit dem Tod nicht endet. Sie sieht das Sterben im Licht des Glaubens, der den Lebenden Trost und Hoffnung schenkt.

Eine Gestalt des säkularen Wandels sind anonyme Beisetzungen in Urnengräbern, die auf den Friedhöfen entsprechend weniger Flächen benötigen. Die Einnahmen der Friedhofsträger sinken darüber, während die Ausgaben für den Unterhalt der Anlage tendenziell gleich bleiben; das kann zu erheblichen Belastungen der kirchlichen Haushalte führen. Auch hier kann es sinnvoll werden, dass eine Zentralisierung bei Dienstleistungseinrichtungen vorgenommen wird, die dann kostengünstiger wirtschaften, weil sie Skalenvorteile realisieren können. Jedenfalls muss der Grundsatz gelten, dass Kirchensteuermittel nicht eingesetzt werden dürfen, um Nichtmitgliedern eine kostengünstige Bestattung bzw. Grabunterhalt zu ermöglichen. Der Sicherstellungsauftrag für das Bestattungswesen liegt nicht bei den kirchlichen Trägern, sondern bei den Kommunen; und daraus müssen die entsprechenden Konsequenzen gezogen werden.

STAAT, KIRCHE

In Deutschland »besteht keine Staatskirche« (Art. 140 GG); vielmehr garantiert der Staat des Grundgesetzes die Religionsfreiheit und legt sich selbst weltanschaulich-religiöse Neutralität auf. Darin steht das Religionsverfassungsrecht in einer langen Kontinuität des Verhältnisses der christlichen Kirchen zum Staat. Es bietet ihnen, aber auch jeder anderen Religion die Möglichkeit, den Glauben frei zu leben und unterstützt sie darin. Das gilt auch für die annähernd 5 Millionen Muslime im Land. Bisher haben die muslimischen Gemeinschaften es leider nicht vermocht, sich Strukturen zu geben, die den Anforderungen des staatlichen Rechts genügen würden; und darum sind die Moscheegemeinden nicht wie die Kirchen oder die Synagogengemeinden als Körperschaften des öffentlichen Rechts anerkannt, sondern in der Regel als Vereine verfasst. Die Ursachen für die Schwierigkeiten des Islam mit den verfassungsrechtlichen Traditionen in Europa liegen in dem Umstand begründet, dass er ursprünglich die Unterscheidung von Staat und Gemeinschaft der Gläubigen (Kirche) nicht kennt.[71] Diese ist aber für das Christentum konstitutiv (Mk 12,17 par) und hat in einer langen Entwicklung zu der heutigen Gestaltung ihres Verhältnisses geführt, eingeschlossen das Privileg der Religionsgemeinschaften, als Körperschaft des öffentlichen Rechts anerkannt zu werden. Für die muslimischen Gemeinschaften in Deutschland wäre es sinnvoll, sich verbindliche Aufbau- und Leitungsstrukturen zu geben, um die Voraussetzungen des Körperschaftsstatus zu erfüllen. Auch müssten sie wohl ihre Abhängigkeit von Religionsbehörden anderer Staaten beenden. Denn das deutsche Religionsverfassungsrecht hat sich zweifellos bewährt und entspricht nicht nur dem Selbstverständnis des Staates sondern auch den Interessen aller (nicht nur der christlichen) Religionsgemeinschaften. Für einen Bruch mit der Tradition geben weder die Multireligiosität der Gesellschaft noch der Rückgang der Mitgliedschaftszahlen der Kirchen hinreichenden Anlass. Irritierend ist allenfalls die Rechtsprechung des Europäischen Gerichtshofs, die auf die Schaffung eines Religionsrechts gerichtet zu sein scheint. Das allerdings muss erheblichen Bedenken begegnen, da eine Verfassung der EU unverändert in weiter Ferne liegt und insofern die Bestimmungen des Grundgesetzes nicht in Frage stehen dürfen.[72] Die Kirchen jedenfalls sollten das bestehende Recht als erprobten Garant der Religionsfreiheit begreifen, daran festhalten und nach ihren Möglichkeiten verteidigen. Und dementsprechend Bestrebungen entgegentreten, nach französischem Vorbild das Prinzip der Laizität, also der strikten Trennung von Religion und Staat zu übernehmen. Aber die durchaus krisenhafte Situation im Nachbarland zeigt, dass es den gegenwärtigen Konstellationen nicht gerecht wird und weder die Religionsgemeinschaften noch der Staat daran interessiert sein können, Vergleichbares in Deutschland einzuführen.

An anderer Stelle besteht im Verhältnis zum Staat für die Kirchen aber Handlungsbedarf: Angesichts der Minderheitensituation gibt es keine Rechtfertigung mehr für die Regelung, dass der Kirchenaustritt bei einer staatlichen Stelle erklärt werden muss. Hier wird aus Gründen des Herkommens der Eindruck einer Nähe von Staat und Kirche erweckt, die weder rechtlich noch tatsächlich besteht. Es ist ein Gebot der Wahrhaftigkeit, die Trennung im Rahmen der Beziehung zu erklären, die beendet werden soll – wie es ja auch in allen Bereichen des sozialen Lebens der Fall ist.

FINANZIERUNG

Die Kirchensteuer begegnet zunehmend Vorbehalten, die sich auf den Begriff »Steuer« und auf den Einzug durch die staatlichen Finanzämter beziehen. Die Verknüpfung der Terminologie mit dem Verfahren führt nahezu zwangsläufig zu Missverständnissen, die umso nachteiliger werden, je länger sie andauern. De facto handelt es sich um einen Mitgliedsbeitrag. Dieser Umstand begründet einen kategorialen Unterschied – einer Steuerpflicht kann man sich nicht entziehen, dem Mitgliedsbeitrag aber sehr wohl, nämlich durch Austritt. Diese Differenz sollte offensiv von den Kirchen kommuniziert werden, indem sie auf den Begriff »Steuer« zukünftig verzichten und durch »Beitrag«, »Kirchgeld« o.ä. ersetzen.

Im Zusammenhang dieser Veränderung können und sollten zwei weitere Irritationen thematisiert werden. Zum einen weiß kaum jemand, dass der Beitrag durch die Bindung an die Einkommensteuer sozial gestaffelt ist und vielfältige Befreiungstatbestände erzeugt, so dass nur etwa die Hälfte der Kirchenmitglieder (»die stärkeren Schultern«) an der Finanzierung der Kirche beteiligt ist.[73] Gänzlich unbekannt ist der Umstand, dass das gegenwärtige Einzugsverfahren einen extrem niedrigen Verwaltungsaufwand erfordert, den die Kirchen zudem dem Staat erstatten. Insofern gibt es keinen Anlass, an dieser Stelle über materielle Veränderungen nachzudenken. Die bereits bestehende soziale Ausgestaltung des Beitrags könnte an der einen oder anderen

Stelle noch akzentuiert werden, etwa indem der Beitragssatz in den ersten Jahren der Berufstätigkeit reduziert wird. Das könnte die Austrittsneigung in dieser Lebensphase reduzieren, wenn man auch größere Effekte wohl nicht erwarten darf.

Die Veränderung »von der Steuer zum Beitrag« muss gut vorbereitet und professionell kommuniziert werden und sollte geeignet sein, einen radikalen Systemwechsel der Finanzierung mit allen dem innewohnenden Unwägbarkeiten zu vermeiden. In den Jahren der DDR wurde ein solcher den Kirchen aufgezwungen und der Charakter als Mitgliedsbeitrag war klar erkennbar. Allerdings reichten die Einnahmen niemals aus, um die Landeskirchen auskömmlich zu finanzieren; und daran änderte auch die starke Absenkung der Gehälter nichts.[74] Übrigens ist aus dieser Zeit in Sachsen bis heute das »Kirchgeld« erhalten geblieben, das ebenfalls nach Einkommen gestaffelt ist, aber ausschließlich den Kirchgemeinden zufließt und deren Finanzkraft stärkt.

Die rückgehenden Zahlen der Kirchenmitgliedschaft haben bisher nicht dazu geführt, dass die Finanzausstattung entsprechend schmaler geworden wäre; das haben die allgemeinen Einkommenssteigerungen verhindert, an denen die Kirchen teilhatten. Nun aber prognostiziert die Freiburger Studie zur Kirchenmitgliedschaft für das Jahr 2060 die Halbierung der Finanzkraft, nachdem sie in diesen Tagen ihren Höhepunkt erreichte und sich 2019 auf fast 6 Mrd. € belief. Wenn Prognosen auch mit Unwägbarkeiten verbunden sind, dürften die Einnahmen sicherlich zurückgehen und innerhalb einer gewissen Schwankungsbreite der Entwicklung der Mitgliedschaft folgen. Damit stellt sich den Landeskirchen die Aufgabe, Prioritäten zu setzen, worüber seit Jahren diskutiert wird, ohne dass es einschneidende Maßnahmen gegeben hätte. Nun aber müssen, zumal wegen der Corona-Pandemie die Einnahmen in den Jahren 2020/21 nochmals zurückgingen, in der mittelfristigen Wirtschaftsplanung die Ausgaben den Einnahmen angepasst werden. Man wird nicht erwarten können, dass diese Notwendigkeit allgemein anerkannt wird; manche Mentalitäten sind von den Zeiten komfortabler Finanzausstattung geprägt. Die deutschen Landeskirchen gehören zu den reichsten Kirchen weltweit, konnten sich stets aus den laufenden Einnahmen heraus finanzieren und sind deswegen weitgehend schuldenfrei. Diese nachhaltige Finanzwirtschaft ist hilfreich in der gegenwärtigen Situation und darf angesichts des Umstands, dass sich die Schuldentragfähigkeit absehbar negativ entwickeln wird, nicht aufgegeben werden. Kredite belasten kommende Generationen, die in den Kirchen ohnehin mit einigen Schwierigkeiten zu kämpfen haben werden. Ohne Einschnitte wird es also nicht abgehen, und wie schmerzhaft die Maßnahmen in welchen Bereichen ausfallen, werden die Beratungen der Synoden schon bald zeigen. Sie müssen eine Gewichtung der verschiedenen Arbeitsbereiche vornehmen, und um diese Aufgabe sind sie nicht zu beneiden.

Die kirchliche Finanzkraft ist letzten Endes eine unmittelbare Funktion der Bindung ihrer Mitglieder an die Kirche. Wer sich ihr hochverbunden weiß, wird auch seinen finanziellen Beitrag leisten – das ist gewissermaßen über die Zeiten hinweg eine weltweit zu beobachtende »ekklesiologische Konstante«. Schon Paulus meinte, dass es zu den Pflichten der von ihm gegründeten Gemeinden gehört, »die Armen« in Jerusalem zu unterstützen (Gal 2,10). Erst in den 1990er Jahren gab der Wiederaufbau der Dresdner Frauenkirche ein schlagendes Beispiel – die enorme Spendenbereitschaft[75] war nur zu erklären durch die begeisterte Zustimmung zu dem Projekt. Die deutschen Landeskirchen haben insofern eine Zeitspanne durchlebt, in der ein elementarer Zusammenhang aufgehoben war und die Höhe der Einnahmen über ihre abnehmende Bindungskraft hinwegtäuschte. Für die Zukunft ist damit zugleich gesagt, dass sich die Handlungsmöglichkeiten nicht nur und nicht zuerst aus der kirchlichen Finanzwirtschaft ergeben. Vielmehr werden sie in dem Maße besser, in dem die Verkündigung des Evangeliums Glauben und Taufbegehren weckt.

Zuletzt verschärfte sich im politischen Raum die Diskussion um die im Grundgesetz (und zuvor der Weimarer Reichsverfassung) vorgesehene einmalige Ablösung der laufenden Staatsleistungen, die immerhin vor mehr als einhundert Jahren als Konsequenz der Trennung von Kirche und Staat beschlossen wurde. Diese Mittel fallen angesichts der Höhe der Gesamteinnahmen nicht besonders ins Gewicht und insofern kann die Frage relativ entspannt betrachtet werden; die Entscheidungen über die zukünftige Finanzkraft der Kirchen fallen an anderer Stelle. Die Kirchen haben bereits erklärt, dass sie dem Vorhaben nicht entgegenstehen. Im Nachbarland Tschechische Republik wird übrigens eine entsprechende Regelung seit einigen Jahren umgesetzt.

DIAKONIE

Parallel zu den abnehmenden Mitgliedschaftszahlen der Landeskirchen fand in den vergangenen Jahrzehnten eine enorme Ausweitung der diakonischen Arbeit statt, die Tendenzen sind stark gegenläufig. Die Diakonie ist seit ihrer Gründung im 19. Jahrhundert in die sozialstaatlichen Strukturen eingebunden. Schon die ersten Zweige der Sozialversicherung wurden von Persönlichkeiten der damaligen »Inneren Mission« konzipiert und vorbereitet; sie sprachen damals von der »Liebestätigkeit mit den Mitteln der Gesetzgebung«. Auch am Ausbau des Sozialstaates in der Bundesrepublik war die Diakonie beteiligt und darin liegt der wesentliche Grund für das kontinuierliche, anhaltende Wachstum. Heute arbeiten mehr als 600.000 Personen[76] beruflich mit; 10 Millionen Menschen nehmen jährlich diakonische Angebote in Anspruch. Rückgang auf der einen, Wachstum auf der anderen Seite – es kann nicht überraschen, dass Kirche und Diakonie sich voneinander entfernten. Das wechselseitige Verständnis ist einer Belastungsprobe ausgesetzt, und in den Kirchgemeinden kommentiert man die diakonische Expansion vielerorts sehr kritisch. Nicht selten findet sich die Sicht, das DW habe sich zu einem »Sozialkonzern« entwickelt, der sich in seiner Entwicklung ausschließlich an den Finanzierungsstrukturen des Sozialstaates orientiere, die Verbindung zu den Kirchen und Gemeinden aber »gekappt« habe und längst eigenen Interessen folge. Tatsächlich ist vielerorts eine Beziehung zwischen Kirchgemeinde und der ortsansässigen Diakonie kaum mehr gegeben; man hat sich entfremdet, zu sehr unterscheiden sich die Lebenswelten.

Dafür ist die Auswahl der Beschäftigten in der Diakonie ein Beispiel. In den ostdeutschen Landesverbänden war in den Jahren der Expansion nach 1990 von vornherein klar, dass man nichtkirchliche Mitarbeitende würde beschäftigen müssen, in Westdeutschland ist dies in den letzten Jahrzehnten ebenfalls unabweisbar geworden. So wird gefragt, ob es möglich sein kann, soziales Engagement christlich zu profilieren, wenn es im Konkreten durch Nichtchristen erbracht wird? Traditionell ist das Arbeitsrecht in Kirche und Diakonie von dem theologischen Gedanken der Dienstgemeinschaft inspiriert, der die Kirchengliedschaft der Beschäftigten grundsätzlich voraussetzt.[77] Inzwischen wurde aber die Möglichkeit geschaffen, auch Personen ohne bzw. anderer Religionszugehörigkeit anzustellen. Deren Anteil an der Belegschaft nimmt zu und so wird argumentiert, damit gerate die Wahrnehmung oder gar das Selbstverständnis der Diakonie als Werk der Kirche in Gefahr, denn nur über das Personal könnten perspektivisch Unterschiede zu den anderen Anbietern sozialer Arbeit erkennbar bleiben.

In dieser innerkirchlich-diakonischen Gemengelage ist ein Konflikt mit dem Staat entstanden, nämlich um das Recht von Kirche und Diakonie, eigenständig ihre Einstellungspraxis zu bestimmen. Unter Verweis auf das Diskriminierungsverbot hatte eine konfessionslose Bewerberin versucht, ihre Einstellung bei der Diakonie zu erzwingen. Der Streit liegt zurzeit beim Bundesverfassungsgericht in Karlsruhe, nachdem die Diakonie

Verfassungsklage gegen ein Urteil des Bundesarbeitsgerichts eingelegt hat, dem wiederum eine Entscheidung des Europäischen Gerichtshofs vorangegangen war. Demnach dürfen Kirchen und ihre Einrichtungen nicht in jedem Fall von Stellenbewerbern die Zugehörigkeit zu einer christlichen Kirche verlangen. Nach Auffassung der Diakonie wird damit aber das Selbstbestimmungsrecht der Kirchen, an dem sie partizipiert, unzulässig eingeschränkt.[78] Der Ausgang des Rechtsstreits betrifft Diakonie und Kirche gleichermaßen, da die Gerichte nicht zwischen ihnen unterscheiden, und insofern trennt sie in dieser Streitfrage nicht das berühmte »Blatt Papier«. Der Konflikt um die Mitarbeit von Nichtchristen ist ein bezeichnendes Beispiel für den Spannungsbogen, in dem sich diakonische Arbeit bewegt. Sie geschieht weitgehend unter den Bedingungen des Sozialstaates, der alle Anbieter gleich behandelt – solange sie nur in ihrer Tätigkeit die geltenden Kriterien gewährleisten. Wie sie rechtlich verfasst sind, ob privatwirtschaftlich-gewerblich, frei-gemeinnützig oder kirchlich, von welchem Selbstverständnis sie geleitet sind, bleibt dabei unerheblich. Der rechtliche Rahmen kennt keine Privilegierungen einzelner Anbieter, weder in Bezug auf Qualitätsanforderungen noch Vergütungsregelungen.[79] Für sozialstaatliche Dienstleistungen bestehen Marktbedingungen und insofern bewegt sich die Diakonie in einer permanenten Wettbewerbssituation. Sie erzeugt eine unauflösbare Spannung, denn zu den wettbewerblichen und sozialstaatlichen Anforderungen kommt der Anspruch hinzu, dem kirchlichen Auftrag zu folgen und als Werk der Kirche erkennbar zu bleiben, die kirchlich-diakonische Identität zu bewahren. In diesem Spannungsverhältnis bewegen sich alle Einrichtungen der Diakonie gleichermaßen.

Es kann nicht überraschen, dass in einem Werk dieser Größenordnung ganz unterschiedliche Strategien verfolgt werden, sie muten gelegentlich geradezu gegensätzlich an. Das Selbstverständnis als Sozialunternehmen kann so sehr im Vordergrund stehen, dass die Mitgliedschaft im Diakonischen Werk lediglich wegen der daraus resultierenden Vorteile beibehalten wird, etwa die mit der Gemeinnützigkeit verbundene Befreiung von der Körperschaftssteuer. Dann wird die beschriebene Spannung einseitig aufgelöst und das diakonische Profil aufgegeben. Solche Entscheidungen wurden viel zu lange hingenommen; sie müssten aber sanktioniert werden, was Aufgabe der diakonischen Landesverbände ist, die den Zugang in das Werk regulieren und die Geltung der Satzungen gewährleisten. Andererseits bestehen viele Mitgliedseinrichtungen in dem Spannungsverhältnis durchaus beeindruckend und unternehmen starke Anstrengungen, um das kirchlich-diakonische Profil zu festigen. Sowohl große Unternehmen mit mehr als 1000 Beschäftigten als auch kleine mit einigen Dutzend Mitarbeitenden stellen für ihr geistliches Innenleben erhebliche finanzielle Mittel bereit; beispielsweise führen sie für neueintretende Beschäftigte Einführungskurse durch, in denen das Selbstverständnis als Werk der Kirche und die Teilhabe an ihrem Verkündigungsauftrag eine zentrale Rolle spielen. Insofern werden in der Diakonie durchaus differierende und teilweise konträre Strategien verfolgt. Dazwischen öffnet sich ein weites Feld, in dem die jeweiligen Vorstände und Geschäftsführungen die ihnen sinnvoll und lohnend erscheinenden Ziele definieren. Angesichts dieser Vielfalt kann eine Aussage über die Nähe bzw. Distanz zur Kirche nicht generell für »die Diakonie«, sondern nur in Betrachtung konkreter Einrichtungen gemacht werden, pauschalisierende Betrachtungen verbieten sich. Insofern steht zu hoffen, dass Kirche und Diakonie jeweils »vor Ort« im Gespräch bleiben, die lokale soziale Situation als gemeinsame Aufgabe verstehen und darüber Möglichkeiten der Kooperation verabreden. Das wäre für beide Seiten hilfreich – die kirchliche Identität der diakonischen Einrichtungen würde durch die Verbindung mit dem Leben der Gemeinde gestärkt; die Kirchgemeinden würden Lebenswirklichkeiten begegnen, die aus ihnen längst ausgewandert und doch bedeutsam sind für ihren Auftrag. Zudem könnten sie neu entdecken, dass die Dimension der Diakonia aus theologischen Gründen in das Profil jeder christlichen Gemeinde gehört und nicht delegiert werden kann, auch nicht an leistungsfähige spezialisierte Einrichtungen. »Ihr habt allezeit Arme bei euch«, sagt Jesus (Mt 26,11 par.); und das verpflichtet seine Gemeinde auch im hochentwickelten Sozialstaat, sensibel für Armut und Schwäche zu sein und ihr abzuhelfen, wo es möglich ist.

Sicherlich würde das Gespräch miteinander auch den Konflikt um die Mitarbeit von Nichtchristen oder Angehörigen anderer Religionen in der Diakonie entschärfen. Sie kann mit dem kirchlichen Auftrag durchaus vereinbar sein. Denn auch deren Handeln kann als Werk der Barmherzigkeit, als praktizierte Nächstenliebe im Geiste Jesu erkennbar werden, wenn es nur dem leidenden Mitmenschen gerecht wird – am Krankenbett stehen die Fachlichkeit und die menschliche Zuwendung im Vordergrund. Die vollzogene Öffnung im Arbeitsrecht ist also gut begründet, solange sie in Grenzen praktiziert wird. Sie sind in Bezug auf die Geschäftsführungen und Aufsichtsgremien der Werke klar zu erkennen. Die Satzungen sehen vor, dass diese Aufgaben Personen übertragen werden, die sich als Glieder der Kirche verstehen und an ihrem Auftrag mitwirken wollen. Dafür gibt es gute, zwingende Gründe, von denen nur in seltenen Ausnahmefällen abgewichen werden darf. Denn die Leitung von diakonischen Einrichtungen ist eine höchst anspruchsvolle Aufgabe geworden, nicht zuletzt mit Blick auf Mitarbeitergewinnung und -führung. In ihrem Kern muss sie darauf gerichtet sein, den »Geist des Hauses« zu bestimmen und die diakonische Identität zu stärken, während das Erreichen anderer, ebenfalls bedeutender Ziele diesem ganzheitlichen Verständnis des Leitungshandelns nachgeordnet bleiben muss. Das ist entscheidend vor allem in den unvermeidlichen Konflikten, die sich aus dem Spannungsbogen von Sozialstaat und kirchlichem Auftrag ergeben. Darin ist es eine anspruchsvolle Führungsaufgabe, jenseits der Sicherung der Qualität, der Fachlichkeit und der Wirtschaftlichkeit die eigenen, geistlich-theologisch definierten Ziele der Diakonie zu verfolgen. Dazu gehören etwa Angebote zur Teilhabe am spirituellen Leben, der Umgang mit Sterben und Tod, die Orientierung in den ethischen Fragen am Lebensanfang oder die Verständigung über das christliche Menschenbild. Und nicht zuletzt die nachrangige Gewichtung der Ökonomie, die nicht etwa einer Gewinnerzielungsabsicht, sondern dem diakonischen Auftrag dienen soll, der an Gotteswort und Menschenwohl orientiert ist. Es ist offensichtlich, dass die beschriebene Spannung nur dann konstruktiv gestaltet werden kann, solange die entsprechend qualifizierten Führungspersönlichkeiten dafür stehen. Sollten diese nicht gewonnen werden können, ist die unvermeidliche Folge, dass diakonische Einrichtungen nicht als Werk der Kirche kenntlich bleiben. Dann aber darf deren Ausscheiden aus der Diakonie kein Tabu und die Trennung eine angemessene Konsequenz sein. Das würde sicherlich Konflikte auslösen, Unverständnis und Ablehnung provozieren. Dennoch, der größere Schaden wäre die Verwischung des kirchlichen Profils. Daran hängt sehr viel, nahezu alles; und nicht nur für die Kirche. Sondern auch für die Diakonie, denn im Sozialmarkt ist Beliebigkeit ebenso wenig eine erfolgversprechende Strategie wie in allen anderen Märkten auch. Ein verwaschenes Image führt eher dazu, sich überflüssig zu machen.

Das gilt insbesondere in den ethischen Konfliktfeldern an Anfang und Ende des Lebens. Die Diakonie ist davon betroffen in den Beratungsdiensten, der Pränataldiagnostik und den geburtshilflichen Stationen der Krankenhäuser wie auch in den Pflegeheimen und Hospizdiensten, die das Sterben begleiten. So ist sie unmittelbar mit krisenhaften Lebensvollzügen der Menschen verbunden, in denen sie hilfreich wirken und den christlichen Beitrag profilieren kann. Man kann das nicht hoch genug einschätzen in einer Situation, in der es (fast) keine Schwangerschaften ohne medizinische Begleitung gibt und das Sterben zu mehr als 90 Prozent in Einrichtungen des Sozialstaates geschieht. Insofern hat die zuletzt geführte Diskussion um den assistierten Suizid für die Diakonie programmatische Bedeutung. Das Bundesverfassungsgericht hat 2020 das gesetzliche Verbot der »geschäftsmäßigen« Sterbehilfe, wie sie von sog. Sterbehilfevereinen angeboten wird, aufgehoben mit der Begründung, die Entscheidung zur Selbsttötung sei um der »autonomen Selbstbestimmung«[80] willen in die freie Verfügung jedes Menschen gestellt und es müsse möglich sein, dafür entsprechende Unterstützung zu erhalten. Insofern muss nun der Bundestag tätig werden und die Materie neu regeln. Damit ist für die Kirchen (die Stellungnahmen zum assistierten Suizid wurden in ökumenischer Gemeinschaft abgegeben) eine schwierige Situation entstanden. Denn sie hatten stets das Verbot der geschäftsmäßigen Beihilfe gefordert und argumentiert, so könne verhindert werden, dass der Suizid als eine Form des Sterbens wie andere auch erscheine. Dies aber widerspreche der Sicht auf das Leben als einer unverfügbaren Gabe und auch der Würde des Menschen als Ebenbild Gottes. Man wird nicht davon ausgehen können, dass diese Begrifflichkeit einer Mehrheit einleuchtet oder auch nur verständlich ist, und doch wird der christliche Glaube darauf bestehen, dass des barmherzigen Gottes »Ja« jedem menschlichen »Nein« über ein Leben voraus- und in dessen Krise entgegensteht. Darum ist es für die Gemeinde wichtig, suizidale Mitmenschen verständnis- und respektvoll zu begleiten und ihre Lebenskräfte durch Seelsorge, Behandlung und Pflege zu stärken. Wie sollte damit die Hilfestellung beim Suizid vereinbar sein? Es würde sich ja um eine Zustimmung zu einem »Nein« handeln, das ein Leben als nicht lebenswert abqualifiziert – im Glauben eine unmögliche Möglichkeit. Damit soll nicht geleugnet werden, dass es in der letzten Lebensphase extremes Leiden gibt, über dem auch ein Christenmensch zu einer abweichenden Gewissensentscheidung kommen kann. Aber solche Situationen können nach den erstaunlichen Fortschritten der letzten Jahre in Palliativmedizin und Hospizarbeit fast immer vermieden werden, und in den wenigen verbleibenden Einzelfällen können etwa palliative Sedierung oder die Begleitung des Sterbefastens vertretbar oder sogar geboten sein. Sie erfordern jeweils eine situative Abwägung, müssen vom assistierten Suizid aber kategorial unterschieden werden. Insofern sind weder medizinisch-pflegerische noch theologische Gründe für eine Abkehr von der stets vertretenen Sicht der Kirche erkennbar; nach wie vor kommt es »darauf an, Sterbende zu trösten, ihr Leiden zu lindern und ihnen die Gewissheit zuzusprechen, dass ihr Leben von Gott gewollt und gesegnet ist«.[81] Zumal die Zahl der Suizide annähernd konstant ist wie auch die Ursachen: es handelt sich fast immer um ausweglose Verzweiflungssituationen und psychische Erkrankungen. Angesichts dessen verbietet es sich für die Kirche Christi, den Autonomiegedanken absolut zu setzen und darüber die Fragen auszublenden, warum Menschen ihr Leben als sinnlos betrachten. Das aber ist das eigentlich bedrängende Phänomen, es verlangt nach Hilfen in der Einsamkeit und der Bereitschaft, sich den Nöten des leidenden Mitmenschen zu stellen. Immerhin verpflichtet das Urteil des Verfassungsgerichts nicht zu irgendwelchen Veränderungen der kirchlichen Praxis, auch lässt es das Selbstverständnis der Heil- und Pflegeberufe unberührt. Übrigens führte im Jahr 2019 die in der Schweiz legale Organisation Dignitas dort lediglich 85 Freitodbegleitungen aus Deutschland durch.[82] Das ist angesichts von

940.000 Todesfällen in der Bundesrepublik eine verschwindend geringe Zahl.

In dieser Situation unternahm Diakoniepräsident Ulrich Lilie mit anderen[83] einen Vorstoß, den assistierten Suizid nunmehr auch in kirchlich-diakonischen Einrichtungen anzubieten. Argumentiert wird mit dem Respekt vor dem Selbstbestimmungsrecht der Suizidwilligen (der zweifellos geboten ist) und der (vermeintlichen) Verpflichtung, für den Suizid Qualitätsmaßstäbe zu definieren, damit dieser sicher und nicht qualvoll ausgeführt werden kann. Der assistierte Suizid dürfe nicht »als unvereinbar mit dem christlichen Glauben gebrandmarkt« werden, die freiverantwortliche Entscheidung der Suizidenten verlange eine »Haltung der Neutralität«. Das sind schwache Begründungen. Ihnen steht die Bindung an Jesus Christus entgegen, auf dessen Kreuz die Gläubigen erst recht in ihrem Leiden und Sterben sehen. Daraus folgt nicht, dass es für Christen eine Pflicht zum Leben gäbe; wie der Tod zum Leben gehört, können das Sich-Ergeben in den Sterbeprozess oder das Sterben-wollen vom Glauben umschlossen sein. Gerade dann kommt Seelsorge den Sterbenden nah und steht ihnen solidarisch bei, wie auch immer diese selbst auf sich sehen mögen. Die Beihilfe zur Selbsttötung überschritte aber eine Grenze, denn sie wäre nicht mit der Christenpflicht vereinbar, (insbesondere das gefährdete) Leben zu schützen und zu bewahren. Seelsorge im Geiste Jesu wird dem Leben dienen und kann darum einen Todeswunsch nicht »neutral« anhören. Eine solche Praxis in diakonischen Einrichtungen würde einen Bruch bedeuten, der das Vertrauen in die Kirche als Anwältin des Lebens nachhaltig beschädigen könnte. Will man wirklich riskieren, dass Seelsorge in den Ruch gerät, den Tod zu bringen?

Befremdlich auch der Bezug auf die Rechtsprechung: »Angesichts der Tatsache, dass das Bundesverfassungsgericht die Selbstbestimmung am Lebensende nachdrücklich betont hat, erscheint es ... möglich, auch ... Möglichkeiten eines assistierten Suizids in den eigenen Häusern anzubieten oder zumindest zuzulassen und zu begleiten.« Das wird man wohl »Selbstsäkularisierung«[84] nennen, denn ein Gerichtsurteil kann nicht die kirchliche Sicht auf Leben und Tod verändern und demzufolge kein hinreichender Grund für eine so weitreichende Veränderung einer bewährten kirchlichen Haltung sein. Die Autoren geben leider dem unguten Verdacht der Staatsnähe Nahrung, indem sie die Sicht eines Gerichts auf das Menschenleben zur Grundlage ethischer Abwägungen machen. In diesen aber ist die Kirche frei, und ganz bestimmt stellt der demokratische Rechtsstaat diese Freiheit nicht in Frage. Für die Diakonie ist ein unverwechselbares Profil als Werk der Kirche insbesondere in den ethischen Konfliktfeldern an Anfang und Ende des Lebens von großer Bedeutung. Bedauerlich, wenn es von ihrer Leitung verunklart wird. Man kann nur hoffen, dass die Mitarbeiterinnen in den Krankenhäusern, Hospizen, Pflegeheimen und -diensten sich nicht irritieren lassen. Denn sie stehen mit ihrem Handeln an Leidenden und Sterbenden tagtäglich für die Hochschätzung des Lebens, die der Kirche im Zeichen des Kreuzes eingeschrieben ist.

MACHT, WORT

Damit sind zentrale Aufgaben in den anstehenden Veränderungen angesprochen, bei weitem nicht alle. Um nur einige zu nennen – wird das »evangelische Pfarrhaus« überleben? Wie gehen kirchliche Schulen und Kindertagesstätten mit Multireligiosität um? Wie ist es um die Zukunft des bekenntnisgebundenen Religionsunterrichts bestellt? Kann es Kriterien geben, um die Bedeutung von spezialisierten, an Zielgruppen orientierten Arbeitsbereichen beurteilen und gewichten zu können? Oder für Mindestanforderungen, denen Kirchgemeinden entsprechen müssen? Wird es gelingen, genügend Nachwuchs für die kirchlichen Berufe zu finden? Und für die ehrenamtliche Mitarbeit? Wird die Kirchenmusik die Frau oder den Mann ernähren können? Die Liste der offenen Fragen ist lang und könnte unübersichtlich werden.

Insofern ist ein Blick hilfreich, welche Bedeutung in den Kirchen der Reformation den Kirchenleitungen zukommt. Sie haben traditionell eine eher schwache Position, denn im lutherischen wie reformierten Verständnis baut sich die Kirche aus den Gemeinden heraus auf; das ist ein starker Gegensatz zu der hierarchisch-bischöflichen Struktur der r.-k. Kirche. In den aktuellen Anpassungsprozessen, die hier wie dort anstehen, ist der Unterschied gut zu erkennen. Wenn es um Zusammenschlüsse und strukturelle Veränderungen geht, hören die katholischen Bischöfe die Gemeinde an, die Laiengremien kommen zu Wort – am Ende dann wird durch den Bischof eine Entscheidung getroffen, und die steht nicht selten im Widerspruch zu dem, was an der Basis für richtig gehalten wird.[85] Das löst Schmerzen aus, jedenfalls wenn es um Abschied von Vertrautem geht, um Ausdünnung und vergrößerte Aufgabengebiete. In den Landeskirchen gehen die Prozesse nicht weniger schmerzlich vonstatten, zumeist nochmals mühseliger, manchmal quälend aufwendig. Sie brauchen mehr Zeit, weil an den Entscheidungen viele beteiligt sind und in den Gremien jeweils ein Konsens gefunden werden muss – der Grundsatz *sine vi, sed verbo* (nicht durch Macht, sondern durch das überzeugende Wort) bestimmt im reformatorischen Verständnis das kirchenleitende Handeln. Es stellt sich als ein komplexes Geschehen dar, an dem sehr viele Personen auf unterschiedlichen Ebenen beteiligt sind, Geistliche und Kirchvorsteherinnen, Presbyterien und Synoden, Männer und Frauen, (einige) Junge und Alte. Sie bilden die relevanten Einflüsse und Interessen ab, und dieses Faktum steht allen kirchenleitenden Personen deutlich vor Augen. Wie auch die Tatsache, dass in der Breite des kirchlichen Lebens mehr und anderes passiert als das kirchenleitende Amt je sehen oder wissen kann. Die evangelische Kirche kennt keine Hierarchie und darum ist ihre Leitung den Getauften anvertraut, nicht nur Pfarrerinnen und Pfarrern. Kirchenleitungen sind die Ermöglichungsebene kirchlichen Handelns und dafür verantwortlich, dass die Mitarbeitenden gute Voraussetzungen vorfinden; sie sollen förderliche Rahmenbedingungen schaffen und dementsprechend Strukturen und Prozesse an Veränderungen anpassen. Für ihre Sicht können die kirchenleitenden Personen nur werben, am Ende ist die

Entscheidung Sache der Synoden, die in allen gravierenden Fragen das »letzte Wort« haben, nicht die Bischöfe, nicht die Ämter und Konsistorien. Der nötige Wandel darf (und kann) nicht »von oben« verordnet werden, sondern muss in möglichst transparenten Willensbildungsprozessen gemeinsam gefunden werden. »Beteiligungskirche« zu sein, ist der reformatorischen Ekklesiologie in einem gewissen Sinn vorgegeben und darum sind die Christenmenschen in den Gemeinden in die Leitungsaufgaben einbezogen. Wenn möglichst viele ihre Sicht und ihre Fähigkeiten einbringen, ist das eine evangelische Stärke, zumal innovative Ideen zumeist an der Basis des Lebens in den Kirchgemeinden entstehen. Nicht zuletzt lässt eine breite Beteiligung hoffen, dass einmal getroffene Entscheidungen der Synoden und Kirchenleitungen akzeptiert werden und wirken können.

Gegenwärtig wird dieses Verständnis von Kirchenleitung angesichts der seit langem anhaltenden und weiter notwendigen Strukturprozesse auf eine harte Probe gestellt. Dabei geht es letztlich um unterschiedliche Wahrnehmungen – aus Sicht einer Kirchgemeinde ist die Aussicht, mit anderen zusammenarbeiten oder sich gar vereinigen zu müssen, eine Bedrohung der Eigenständigkeit und der noch gegebenen (relativen) Stärke. Sie wird also versuchen, möglichst viel Selbständigkeit zu bewahren und den erwarteten Schaden zu begrenzen, sie hat das Eigene im Blick, mit Recht. Unvergesslich ein Kirchvorsteher, der dem angereisten Bischof entgegenschleuderte »Seit 500 Jahren hatten wir unseren Pfarrer, jetzt kommen Sie und wollen ihn uns nehmen«. Das zeugte von einer starken Bindung an das gemeindliche

Leben (auch von einer Hochschätzung des geistlichen Amtes) und hinterließ starken Eindruck. Und dennoch wird die Kirchenleitung das Ganze betrachten, das Finanzaufkommen der Landeskirche, die Rahmenbedingungen des Personaleinsatzes, die Höhe der Personalkosten, die absehbaren Einschränkungen der materiellen Leistungsfähigkeit, anstehende Investitionen, anderes mehr. Der Interessenkonflikt zwischen Kirchen- und Gemeindeleitung ist dem evangelischen Kirchenverständnis eingeschrieben, und es wäre nicht gut, ihn zu leugnen oder aufheben zu wollen. Denn beide Wahrnehmungen haben ihr Recht; sie aber gleichermaßen in den Entscheidungserfordernissen zu berücksichtigen, kommt manchmal einer Zumutung nahe. Das zeigt sich spätestens immer dann, wenn die Mitglieder der Kirchenvorstände ihre Aufgaben als neu gewählte Synodale übernehmen. Damit tun sie sich nicht leicht und doch werden sie in der Regel sowohl der gemeindlichen wie der landeskirchlichen Ebene gerecht. Manchmal gelingt der Ausgleich nur unter großen Schwierigkeiten – auch in der Kirche können die Dinge gelegentlich nur konflikthaft geklärt und ausgetragen werden. Problematisch wird es erst dann, wenn die Gesprächsbereitschaft leidet oder gar fehlt.

Das evangelische Verständnis von Kirchenleitung wird sich auch in den nächsten Jahren als tragfähig erweisen, wenn die Entwicklung Synoden und Kirchenleitungen vor große Aufgaben stellt. Die Kirche wird kleiner, ihre Möglichkeiten dementsprechend geringer, Rückbau steht an. Den absehbaren Wandel zu gestalten, ist keine angenehme Aufgabe. Und doch trägt sie eine Verheißung in sich, weil sie Gemeinden wie Kirchen die

Chance gibt, den reformatorischen Kern ihres Auftrags neu in den Blick zu nehmen. Also nicht dem Vergangenen nachzutrauern, das nicht länger sein wird. Sondern anzustreben, was in der Zukunft dem Lauf des Evangeliums dienen kann und darauf zu vertrauen, dass Glauben unter allen Umständen geweckt wird. Also kommt es darauf an, um den Soziologen Max Weber zu zitieren, mit Leidenschaft, Verantwortungsgefühl und Augenmaß »beharrlich harte Bretter zu bohren«. Das wurde zwar über den Beruf des Politikers gesagt, ist aber auch für das Leitungshandeln in der Kirche unter den gegebenen Bedingungen eine zutreffende Beschreibung. Es darf auf den Heiligen Geist hoffen, der Kraft und Ausdauer schenken kann. Viele werden an den Veränderungen beteiligt sein, erheblicher Druck wird auf ihnen lasten, aber gottlob stehen die erforderlichen geistlichen, personellen und materiellen Ressourcen zur Verfügung.

»Kirche der Freiheit« ist eine oft gebrauchte Charakterisierung der evangelischen Konfession, die auf Luthers Hauptschrift am Beginn der Reformation zurückgeht – man wird sie als Auszeichnung verstehen dürfen. Nun kommt die Zeit der Freiwilligkeitskirche und auch sie wird für den besonderen Beitrag der Reformation stehen: die Menschen an die andere Dimension und den weiten Horizont der Liebe Gottes zu erinnern, die vor Selbstvergötzung bewahrt. Ihnen die Begegnung mit dem Glauben an den auferstandenen Christus zu ermöglichen, in dem Hoffnung und Vertrauen wachsen. Das evangelische Verständnis von Freiheit vorzuleben, das die Freien an ihre Mitmenschen bindet und ihren Einsatz für Barmherzigkeit und Gerechtigkeit trägt.

Die Kirche wird schwächer werden als sie gewesen ist, aber das muss kein Schade sein. Damit er sich nicht überhebt, hat Christus den Apostel Paulus einmal so angesprochen: »Lass dir an meiner Gnade genügen; denn meine Kraft vollendet sich in der Schwachheit.« (2. Kor 12,9)

ANMERKUNGEN

1 So T.G. Ash, Zeit der Freiheit, München 1999.
2 Säkularisierung hier (etwas pauschal) verstanden als das Vordringen nicht-religiöser Welterklärungen.
3 V. Kreß, in: Der Sonntag, Nr. 29/1990.
4 Hierzu: Nils Ole Oermann/Johannes Zachhuber, Einigkeit und Recht und Werte. Der Verfassungsstreit um das Schulfach LER in der öffentlichen und wissenschaftlichen Diskussion. Vorwort von Richard Schröder, Münster 2001.
5 Einen Aufbruch zu fordern, »›ist für uns leichter gesagt, als es für die evangelischen Kirchen in der Bundesrepublik getan ist.‹« (Kreß, s. Anm. 3)
6 Caritas Führer, Die Montagsangst, Berlin 2012.
7 Arbeitskreis »Kirche von morgen«, Minderheit mit Zukunft. Überlegungen und Vorschläge zu Auftrag und Gestalt der ostdeutschen Kirchen in der pluralistischen Gesellschaft, in: epd-Dokumentation (1995), 3a vom 16. Januar 1995.
8 Kirche mit Hoffnung. Leitlinien künftiger kirchlicher Arbeit in Ostdeutschland, hrsg. v. Kirchenamt der EKD, Hannover 1998.
9 Vor 1920 hatte es (wenige) Kirchenaustritte nahezu ausschließlich im Zusammenhang der Arbeiterbewegung gegeben.
10 In Westdeutschland gehörten noch Anfang der 1970er Jahre 95 Prozent der Bevölkerung den beiden großen Kirchen an.

11 K. Jaspers, Die geistige Situation der Zeit, Berlin/Leipzig 1932; J. Habermas (Hrsg.), Stichworte zur ‚geistigen Situation der Zeit', Frankfurt a.M. 1979.

12 In Sachsen gehören weniger als 40.000 Mitglieder den im Landtag vertretenen Parteien an, bei etwa 4 Millionen Einwohnern. – Übrigens bilden atheistisch-humanistische Organisationen keine Ausnahmen von der allgemeinen Entwicklung.

13 So A. Reckwitz, Die Gesellschaft der Singularitäten, Berlin 2017. Vgl. zum Folgenden ders., Das Ende der Illusionen, Berlin 2019, 17 ff.

14 A. Reckwitz, Ende der Illusionen, 274.

15 A. Grau, In der Angstspirale, in: Der Spiegel 5/2021, 120.

16 Barmer Theologische Erklärung, These 1.

17 Darüber darf nicht übersehen werden, dass es zeitgleich in der r.-k. Kirche zahlreiche Erneuerungsbewegungen als spirituelle Reaktionen auf die Reformation gab. Bis heute werden die Ereignisse eindrücklich-anschaulich in den »Toleranzkirchen« in Schlesien, die eine Reise wert sind.

18 Unter ihnen auch der sächsische Ministerpräsident M. Kretschmer, der 19-jährig bereits dem Stadtrat von Görlitz angehörte.

19 So R. Gronemeyer, in: »Der Sonntag«, Nr.3/2012. Siehe dazu ders., Der Niedergang der Kirche. Eine Sternstunde?, München 2020.

20 Barmer Theologische Erklärung, These 6.

21 Zuletzt: Vernetzte Vielfalt. Kirche angesichts von Individualisierung und Säkularisierung. Die fünfte EKD-Erhebung über Kirchenmitgliedschaft, Gütersloh 2015.

22 Eindrücklich geschildert in: G. Mak, Wie Gott verschwand aus Jorwerd, München 1999.

23 »Da ist nicht mehr Grieche oder Jude, Beschnittener oder Unbeschnittener, Nichtgrieche, Skythe, Sklave, Freier, sondern alles und in allen Christus.«

24 Die Definitionen sind umstritten; eine Klärung würde hier den Rahmen sprengen.

25 So U.H.J. Körtner, Für die Vernunft, Leipzig 2017, 40.

26 S. Wagenknecht im Interview, in: Die Welt vom 1.2.2021. Ausführlicher in dies., Die Selbstgerechten, Frankfurt a.M. 2021, 30 f.

27 L. F. Pusch, Das Deutsche als Männersprache, Frankfurt a.M. 1984.

28 Durchgesetzt hat sich in den letzten Jahren ganz unmerklich eine griffige Kurzform, »Konfi«.

29 »Im Gespräch der Bundeskanzlerin mit der Ministerpräsidentinnen- und Ministerpräsidentenkonferenz trugen führende Virologinnen und Virologen sowie Epidemiologinnen und Epidemiologen aus fachlicher Sicht ihre …« Das erfordert wohl Manuskript bzw. Teleprompter.

30 Personenstandsgesetz § 22, Absatz 3.

31 So D. Wendebourg, Die Siegerin bleibt zweite, in: FAZ vom 18.1.2021. Frauen seien »im generischen Maskulin nicht etwa mitgemeint, sondern von vornherein ebenso gemeint«, weil sie in allen Berufen und Funktionen gleichermaßen präsent sind.

32 V. Klemperer, LTI. Notizbuch eines Philologen, Stuttgart 2010.

33 A. Weidhas, Künstliche Sexualisierung der Sprache, in: Zeitzeichen 1/21, 29.

34 Die Begründung ist sehr knapp gehalten, die Resolution umfasst nur 191 Wörter.

35 Homepage der EKD: »Die Evangelische Kirche in Deutschland (EKD) unterstützt ... im Bündnis United4Rescue die zivile Seenotrettung mit einem kirchlichen Rettungsschiff, der Sea-Watch 4«; »Kirchensteuern gehen von der EKD nur in den Aufbau des Bündnisses United4Rescue, nicht aber unmittelbar in das Schiff«. Zu fragen wäre allerdings, ob ein kirchliches Schiff die Fahne der Antifa zeigen sollte (vgl. epd vom 21.4.2021).

36 Die Diskussion wird überlagert durch den Umstand, dass die eine Position als eher »links«, die andere als eher »rechts« eingestuft bzw. von Protagonisten aus dem jeweiligen Lager vertreten wird.

37 Asylgewährung nach Art. 16a GG, Schutz entsprechend der Genfer Flüchtlingskonvention, subsidiärer Schutz.

38 Der Konflikt wurde exemplarisch im Juni 2019 ausgetragen, als das Rettungsschiff »Sea-Watch 3« entgegen einem expliziten Verbot in den Hafen Lampedusa einlief. In verschiedenen Interviews forderte die Kapitänin C. Rackete die Abschaffung der Grenzen und das (von ihr behauptete) Recht jedes Menschen, den Aufenthaltsort frei wählen zu können. Italienische Behörden nehmen seither regelmäßig Inspektionen auf privaten Seenotrettungsschiffen vor und verfügen in der Folge deren Beschlagnahmung oder Festsetzung.

39 Wie es zutreffend in »11 Leitsätze für eine aufgeschlossene Kirche« des »Z-Teams« der EKD (2020) heißt (Leitsatz 3).

40 T. Gundlach, »Weiße Elefanten und Kirchenreform«, in: Zeitzeichen 2/2021, 23.

41 Gründung im Jahr 2001, seit 2008 auf gesetzlicher Grundlage als Deutscher Ethikrat.

42 Interview mit W. Schäuble, in: FAS vom 20.5.2017.

43 S. hierzu: W. Schäuble, Das Reformationsjubiläum 2017 und die Politik in Deutschland und Europa, in: Pastoraltheologie 2016, 43–45.

44 So C. Albrecht, Die Bibel folgt keiner Partei, in: FAZ vom 16.3.2016.

45 H. Bedford-Strohm, Öffentliche Kirche in den Herausforderungen der Zeit, in: Ev. Theologie 2019, 11.

46 G. Wegner, Jeder stirbt für sich allein, in: FAZ vom 14.1.2021.

47 Damit meint Wegner wohl das Reden in der Öffentlichkeit. Ganz bestimmt ist in den personalen Beziehungen und zumal in der Seelsorge Hilfreiches, Orientierendes und Tröstendes gesagt worden. Seelsorge hat nur in Ausnahmesituationen eine öffentliche Funktion.

48 So J. Fischer, Gefahr der Unduldsamkeit, in: Zeitzeichen 5/2016, 43 ff.

49 Hierzu Körtner, Vernunft, 107–112.

50 U. Hahn, Annehmen und frei bleiben, Hannover 1996, 182. Darum sprach Hempel vom »begrenzten politischen Mandat« der Kirche.

51 Eine Ausnahme ist Körtner, Vernunft, 133 ff.

52 Kl. Katechismus, Erklärung zum 5. Gebot.

53 Zugleich Titel einer Denkschrift der EKD zur Diakonie, 1998.

54 M. 't Hart, Bach und ich, Hamburg 2000, 16 f.

55 Quelle: FAZ vom 6.3.2021.

56 Hierzu unverändert erhellend: F. Steffensky, Mut zur Endlichkeit. Sterben in einer Gesellschaft der Sieger, Stuttgart 2007.

57 G. Wegner, Jeder stirbt für sich allein, in: FAZ vom 14.1.2021.

58 Die sächsische Landeskirche beschäftigte 1990 etwa 1000 Pfarrer; heute sind es etwa 650, von denen 40 ehrenamtlich mitarbeiten. Hinzu kommen die Prädikantinnen.

59 So Landesbischof T. Bilz in seinem Bischofsbericht 2021. www.evlks.de

60 A. Garth, Gottloser Westen?, Leipzig 2017, 44 ff.

61 So U.H.J. Körtner, Für eine Theologie der Diaspora, in: Zeitzeichen 9/2016, 47.

62 Vgl. hierzu das Gespräch mit J. Haberer, Journalisten müssen Hexen sein, in: Zeitzeichen 10/2020, 55 ff. Haberer gibt selbst ein Beispiel für die digitalen Möglichkeiten, den Podcast »Unter Pfarrerstöchtern«.

63 S.o. Anm. 21.

64 In Sachsen ist das Verhältnis von Gemeindepfarrstellen zu Gemeindegliedern in etwa unverändert geblieben: eine Pfarrstelle stand 2019 wie 1992 für ca. 1300 Gemeindeglieder zur Verfügung.

65 Ein Blick in den Lutherischen Weltbund zeigt, dass die reformatorischen Minderheitskirchen ausnahmslos diesem Grundsatz folgen, und das auch unter extremen Bedingungen – in manchen Ländern liegen mehrere hundert Kilometer zwischen einzelnen Gemeindegliedern. Und selbstverständlich ist ihnen ein Pfarrer zugewiesen.

66 So auch die »12 Leitsätze zur Zukunft einer aufgeschlossenen Kirche« der EKD vom November 2020 in Leitsatz 7: »Starke und handlungsfähige ortsbezogene Gemeinden (Parochien) werden in Zukunft ... eine zentrale Rolle spielen«.

67 G. Wegner, Familie ist entscheidend, in: Zeitzeichen 8/20, 46.

68 Man denke nur an den Datenschutz, Umweltverträglichkeit und die Überprüfbarkeit von Entscheidungen durch Verwaltungsgerichte.

69 Damit ist nicht gemeint, dass die Pfarrerinnen nicht auch im »weltlichen« Bereich des kirchlichen Handelns gebraucht würden. Wohl aber, dass eine Fehlentwicklung korrigiert werden muss, die sie zu sehr belastet.

70 In der EKD sind die Verhältnisse durchaus unterschiedlich. In Sachsen wurden z.B. zentrale Dienstleistungseinrichtungen geschaffen für die Bereiche Grundstücke, Personal, Mitgliederverwaltung und Kassenwesen.

71 Es gibt keine institutionellen Strukturen oder auch nur ein Mitgliedschaftswesen, das denen der Kirchen vergleichbar wäre.

72 Zwischen dem EuGH und dem Bundesverfassungsgericht bestehen einige Meinungsverschiedenheiten; so bewertet ersterer z.B. den Schutz gegen Diskriminierungen aus religiösen Gründen im Konfliktfall höher als das kirchliche Selbstbestimmungsrecht. Siehe dazu H.M. Heinig, Mit offenem Ausgang, in: FAZ vom 28.3.2021. Vgl. auch Anm. 78.

73 Etwa 15 Prozent der Mitglieder erbringen annähernd 97 Prozent des Kirchensteueraufkommens.

74 Die solidarischen Hilfen der westdeutschen Landeskirchen waren notwendig und willkommen. – Übrigens blieb es bei dem Begriff »Steuer«.

75 Insgesamt kamen umgerechnet 102,8 Mio. € zusammen.

76 Zum Vergleich: der VW-Konzern beschäftigt in Deutschland etwa 300.000 Menschen.

77 Dafür gibt es gute Gründe, die noch 2012 das Bundesverfassungsgericht ausdrücklich anerkannt hat. Die Dienstgemeinschaft als »Artefakt einer Unternehmenskultur« zu sehen, wird ihnen nicht gerecht. So C. Geyer, Gibt es ein diakonisches Management?, in: Evangelische Ethik 2020, 13.

78 In der Klage liegt erhebliches Konfliktpotential. Denn bisher hatte das BVerfG das kirchliche Selbstbestimmungsrecht stets umfassend gewährleistet. Sollte das Gericht bei dieser Sicht bleiben, würde es der Klage der Diakonie stattgeben und zugleich die Letztkompetenz für sich beanspruchen – gegen den EuGh.

79 Lange galt der »bedingte Vorrang der Freien Wohlfahrtspflege«, der aber seit Mitte der 1990er Jahre nach und nach aufgegeben wurde.

80 Eine befremdlich tautologische Formulierung.

81 »Wenn Menschen sterben wollen«. Eine Orientierungshilfe zum Problem der ärztlichen Beihilfe zur Selbsttötung, EKD-Texte 97, 2008. (Vorwort)

82 Quelle: statista.com.

83 R. Anselm/I. Karle/U. Lilie, Den assistierten professionellen Suizid ermöglichen, in: FAZ vom 11.1.2021.

84 Den Begriff prägte Altbischof W. Huber.

85 Das gilt wohl auch für die schier unlösbar gewordenen Konflikte um das geistliche Amt der r.-k. Kirche.